Schrottroboter,
Pappkühe
& Co.

Für Constanze

Annika Oyrabø wurde 1977 geboren und hat an der
Dänischen Designschule in Kopenhagen sowie an
der Hochschule für Angewandte Wissenschaften in
Hamburg studiert.

In Kopenhagen, wo sie als Illustratorin arbeitet und
Bastel-Workshops für Kinder anbietet, wohnt Annika
in einem alten Haus. Ganz oben unterm Dach befindet
sich ihre Werkstatt, wo es von Robotern, Engeln,
Tieren und anderen Wesen, die sie allesamt aus Müll
gebaut hat, nur so wimmelt. Für dieses Buch hat sie
einige ihrer Lieblingsfiguren gebastelt und zeigt, wie
man sie einfach nachbauen kann.

Hier erfährst du mehr über Annika:
www.annikaoyrabo.dk

www.beltz.de
© 2013 Beltz & Gelberg
in der Verlagsgruppe Beltz · Weinheim Basel
Alle Rechte vorbehalten
Einband, Gesamtkonzept und Gestaltung: Annika Oyrabø
Passagen aus dem Dänischen ins Deutsche übertragen: Meike Blatzheim
Neue Rechtschreibung
Litho: ICC-Print, Biblis-Wattenheim
Druck: Beltz Druckpartner GmbH & Co. KG, Hemsbach
Bindung: Beltz Bad Langensalza GmbH, Bad Langensalza
Printed in Germany
ISBN 978-3-407-82022-8
1 2 3 4 5 6 18 17 16 15 14 13

Annika Oyrabø

Schrottroboter, Pappkühe & Co.

Geniales aus Müll basteln & bauen

BELTZ
& Gelberg

Vielen Dank

... an alle Kinder – an diejenigen, die in diesem Buch zu sehen sind, und an alle anderen, mit denen ich basteln durfte. Ein großes Dankeschön auch an meine Familie und meine Freunde, die bei der Entstehung dieses Buchs geholfen haben.

Willkommen in der
Bastelwerkstatt

Wie bastelt man eine coole Kuh aus zwei Kartons, einem Kabelrest, einem Shampoodeckel und einem Eierkarton? Was ist ein Schrott-O-Saurus? Wie druckst du mit Plastikverpackungen, Korken und Deckeln lustige Roboter? Hast du Lust, das alles und noch viel mehr auszuprobieren? Dann ist dieses Buch das Richtige für dich.

Das Tollste ist: Du brauchst fast nichts zu kaufen, denn die meisten Materialien hast du schon zu Hause. Sammle das, was ohnehin übrig bleibt: Pappkartons, Deckel von Tuben, Konservendosen, Plastikflaschen, Milchtüten, Eierkartons, ... Dazu brauchst du noch eine Heißklebepistole und ein bisschen Farbe, und los geht's!

Bastle, wie es dir gefällt, folge den Anleitungen in diesem Buch oder lass dich inspirieren und probiere aus, was du sonst noch basteln kannst. Fast alles ist machbar, wenn du deiner Fantasie freien Lauf lässt. Aber Vorsicht: Wenn du erst einmal angefangen hast, ist es schwer, wieder aufzuhören!

Viel Spaß! Annika

Inhalt

Bevor es losgeht

Tiere basteln

Mini-Welten erfinden

Masken & Hüte zaubern

Feste feiern

Auf die Plätze, losgesammelt!

Tipp

Denk daran, die leeren Verpackungen zu spülen, vor allem die Milchtüten!

Bevor du losbasteln kannst, musst du zuerst deine Materialien zusammensuchen. Alle Figuren in diesem Buch sind aus Dingen gebastelt, die normalerweise im Müll landen: Verpackungen aus Plastik oder Pappe, schön geformte Deckel aus verschiedenen Materialien, Papprollen von Küchen- oder Klopapier, Kabelreste, Geschenkband, ... Am besten legst du dir eine kleine Sammlung an, denn manchmal brauchst du von einer Sache recht viel auf einmal.

Schau genau hin, dann wird dir auffallen, welche seltsamen und lustigen Formen Verpackungen haben können.

Milchtüten

Klo- & Küchenrollen

Plastikverpackungen,
z. B. von Obst & Gemüse

Obst- & Gemüsenetze

Kleine & große Pappkartons

Deckel,
z. B. von Saftkartons

Eierkartons

Plastikflaschen,
z. B. von Shampoo,
Wasch- & Putzmitteln

Deckel & Verschlüsse,
z. B. von Shampooflaschen
& Putzmitteln

Eingetrocknete Filzstifte

Plastikdeckel,
z. B. von Joghurt
& Frischkäse

Kabelreste

Konservendosen
& deren Deckel,
z. B. von Pizzatomaten

Styroporflocken
& -verpackungen

Plastikbecher,
z. B. von Joghurt
& Käse

Metalldeckel,
z. B. von Marmeladengläsern

Geschenkpapier

Geschenkband

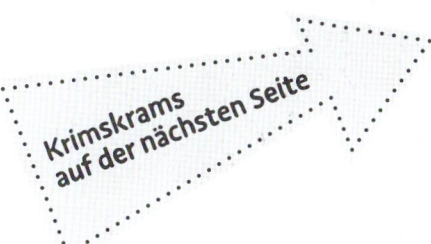

Krimskrams
auf der nächsten Seite

9

Krims**krams**
sortieren

Du kannst deine Krimskrams-
schätze in Koffern mit kleinen
Fächern aufbewahren, sodass du
einen guten Überblick über deine
Bastelmaterialien hast. Vielleicht
haben deine Eltern z. B. einen
alten Schraubenkoffer übrig?

Ordnung machen

Damit du beim Basteln nicht ständig suchen musst, sortierst du deine Materialien am besten vor, beispielsweise der Größe nach.

Manche Sachen wie Plastikverpackungen von Obst und Gemüse, Milchtüten und Klorollen bekommst du schneller zusammen als andere. Dafür kannst du die kleinen Dinge über einen längeren Zeitraum sammeln. Je mehr Krimskrams du zur Auswahl hast, desto mehr Spaß macht das Basteln, denn dann kannst du deine Figuren richtig schön dekorieren. Und der Kleinkram nimmt zu Hause gar nicht so viel Platz weg.

Falls du von etwas Bestimmtem, z. B. Deckel oder Zahnbürsten, ganz viel brauchst, kannst du deine Eltern oder Freunde bitten, dir beim Sammeln zu helfen.

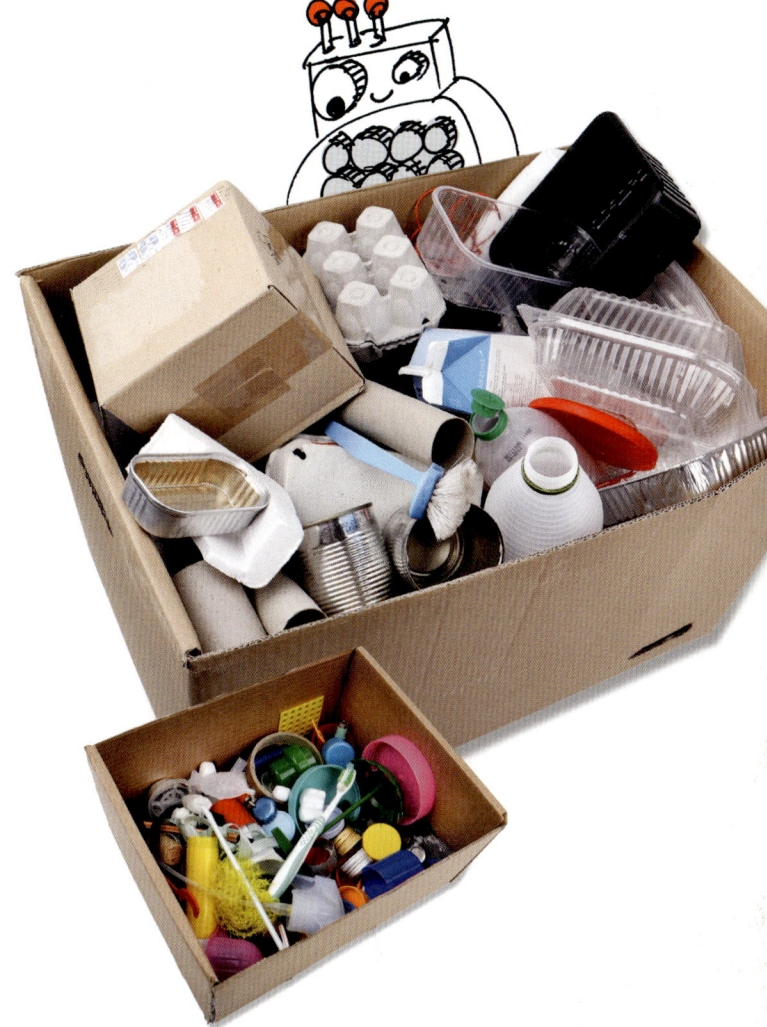

Und was ist mit dem Müll, den ich nicht zum Basteln brauche?

Sortiere ihn zusammen mit einem Erwachsenen, damit er recycelt werden kann. Was nicht in den Hausmüll darf, bringt ihr zum Wertstoffhof.

Werkzeug benutzen

Heißklebepistole

Dein wichtigstes Bastelwerkzeug für die Anleitungen in diesem Buch ist eine Heißklebepistole. Du brauchst eine Klebepistole speziell für Kinder. Die Klebestäbchen, die für solche Klebepistolen gemacht sind, schmelzen bei einer niedrigeren Temperatur, sodass die Klebepistole nicht so heiß wird wie die für Erwachsene. Du bekommst sie in Bastelgeschäften, im Baumarkt oder im Internet.

Es gibt zwei verschiedene Sorten Klebestäbchen – schmale und breite. Achte also darauf, welche Klebestäbchen in deine Klebepistole passen.

Tipp
Es ist wichtig, dass du eine Heißklebepistole für Kinder kaufst.

Klebepistole
& Klebestäbchen

Bitte einen Erwachsenen um Hilfe, wenn du mit dem Cutter schneidest.

Schere
(spitz oder gebogen)

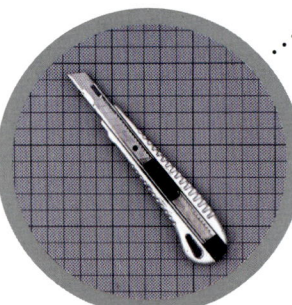

Cutter
& Cutterunterlage

Ahle

Kneifzange

Tesafilm
& Gaffa-Tape

Du kannst Paketklebeband statt Gaffa-Tape benutzen.

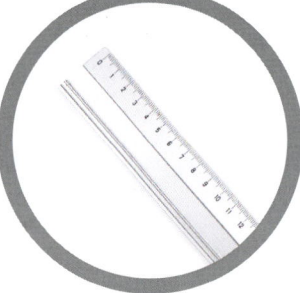

Lineal

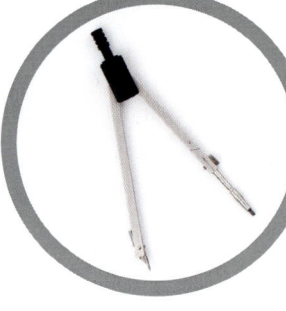

Zirkel

Laubsäge

So funktioniert die Klebepistole

Die Klebepistole benötigt Strom. Besorge dir ein Verlängerungskabel, wenn du nicht in der Nähe einer Steckdose sitzt. Vergiss nicht, das Klebepistolen-Kabel aus der Steckdose zu ziehen, wenn du mit dem Kleben fertig bist. Die Klebepistole braucht ein paar Minuten zum Aufwärmen, bevor du sie benutzen kannst. Ihre Spitze wird warm, du solltest sie also nicht anfassen.

Wenn du auf den Abzug drückst, wird das Klebestäbchen in die Klebepistole gedrückt und kommt als flüssiger Klebstoff heraus. Auch der geschmolzene Klebstoff ist warm, pass auf, dass er nicht auf deine Hände tropft.

Wenn kein Klebstoff mehr herauskommt, setzt du einfach ein neues Klebestäbchen in die Pistole ein, das den Rest des alten Klebestäbchens nachschiebt.

Falls du einmal etwas Kleber auf die Haut bekommst, tut das kurz weh, aber der Schmerz verfliegt schnell. Du kannst den Kleber ablösen, und wenn es immer noch wehtut, hältst du die Stelle unter kaltes Wasser.

13

So klebst du Müll zusammen

Wenn du zwei Müllteile zusammenkleben möchtest, reicht es aus, wenn du Kleber auf eines der beiden Teile streichst. Schau dir beide Teile an, und überlege, auf welches du den Kleber am besten aufträgst.

Wenn du z. B. eine Klorolle auf einen Karton kleben möchtest, trägst du den Kleber am besten auf den Rand der Klorolle auf. Bewege die Klebepistole einmal langsam rund um den Klorollen-Rand. Denk daran, den Abzug die ganze Zeit über gedrückt zu halten, sodass so viel Klebstoff wie möglich auf den Klorollen-Rand tropft. Das braucht ein bisschen Übung, aber wenn du deinen Arbeitsplatz gut abgedeckt hast, macht es nichts, wenn du kleckerst.

Setze die Klorolle auf den Karton und halte sie ein paar Sekunden fest. Schon ist sie festgeklebt.

Du kannst außerdem noch einmal um die Rolle herum kleben – dort, wo sie am Karton festgeklebt ist –, wenn sie besonders gut halten soll.

Wenn du zwei Kartons hast, die du zusammenkleben willst, brauchst du nicht die ganze Seite des einen Kartons mit Kleber bestreichen. Es reicht, wenn du einmal entlang der Kanten klebst und ein bisschen Kleber in die Mitte streichst, so wie du es auf dem Foto siehst.

Nachdem du einen Karton mit Kleber bestrichen hast, solltest du den zweiten möglichst schnell daraufsetzen, sonst trocknet der Kleber. Drücke die beiden Kartons leicht gegeneinander, bis sie von allein halten.

Zur Verstärkung kannst du noch etwas Kleber in den Spalt zwischen den beiden Kartons tropfen.

Wenn die Kartons, die du zusammenkleben willst, sehr groß sind, benutze zusätzlich Gaffa-Tape oder Paket-klebeband, damit sie besser zusammenhalten.
Wie das geht, kannst du in der Anleitung zu Werner auf S. 30/31 nachlesen.

Je größer die einzelnen Teile sind, die du zusammen-klebst, desto schwieriger kann es sein, sie gut zu befesti-gen. Wenn eine besonders große Figur einmal nicht so stabil wird, musst du etwas vorsichtiger damit umgehen.

Anmalen!

Acryl- oder Plakafarbe

Farben

Die Figuren in diesem Buch sind mit Acrylfarbe bemalt. Alternativ kannst du auch Plakafarbe benutzen.

Wenn du die drei Grundfarben Rot, Gelb und Blau sowie Schwarz und Weiß hast, kannst du mit etwas Ausprobieren viele verschiedene Farben mischen. Für das Basteln z. B. zu Weihnachten kannst du außerdem Gold- oder Silberfarbe besorgen.

Denk immer daran, den Tisch oder den Boden mit Zeitungspapier abzudecken, wenn du malst oder klebst, und zieh einen Malerkittel oder ein altes Hemd an. Farb- und Kleberflecken lassen sich nur schwer entfernen.

Auf manchen glatten Oberflächen, zum Beispiel auf Plastik, kannst du nur mit einem wasserfesten Filzstift malen.

Denk daran, den Pinsel abzutrocknen, nachdem du ihn ausgewaschen hast und bevor du eine neue Farbe benutzt. Die Farbe deckt besser, wenn der Pinsel trocken ist.

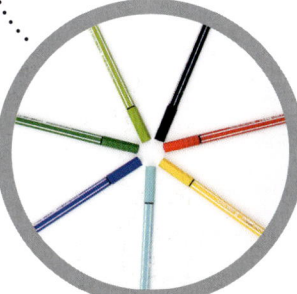

Filzstifte

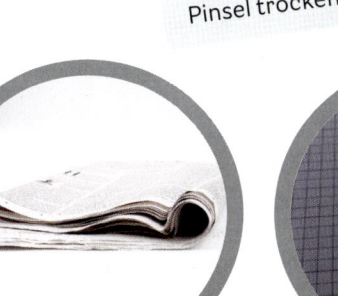

Zeitungspapier zum Unterlegen

Küchen- oder Klopapier

Palette

Malerkittel

Glas für Wasser

Bleistift

Pinsel

So bemalst du die Figuren deckend

Die meisten Figuren im Buch sind zuerst weiß grundiert worden, bevor sie andere Farben bekommen haben. Das ist besonders wichtig, wenn du deine Figur in einer hellen Farbe (z. B. Gelb) bemalen möchtest, wenn du eine sehr dunkle Verpackung in einer hellen Farbe oder eine Plastikverpackung anmalen möchtest. Wenn du dagegen mit dunklen Farben wie Schwarz oder Blau malst, musst du die Figur nicht grundieren.

Manchmal empfiehlt es sich sogar, die Figur zweimal weiß anzumalen, bis die Oberfläche gleichmäßig weiß ist. Lass die Farbe zwischen den Maldurchgängen immer trocknen.

Auf Pappverpackungen wie Eierkartons, Pappkartons oder Klorollen trocknet die Farbe schnell. Auf Milchtüten und Plastikverpackungen braucht sie etwas mehr Zeit zum Trocknen.

Verschiedene Muster

Male deine Figur zuerst einfarbig an und lass sie trocknen. Male danach ein Muster auf die Figur. Such dir das Muster aus, das dir am besten gefällt: Punkte, Streifen, Striche, Würfel, ...

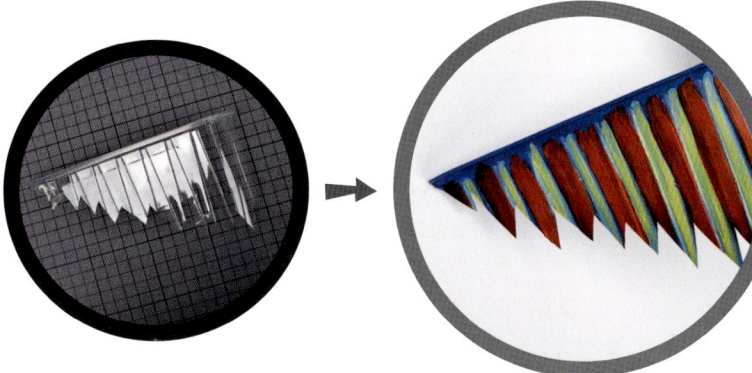

Verpackungsstrukturen

Indem du sie verschiedenfarbig anmalst, kannst du die unterschiedlichen Strukturen auf den Verpackungen sichtbar machen.

Die Farben der Verpackungen

Wenn dir die Farbe, das Muster oder ein Foto auf einem deiner Müllteile gefällt, lass die Verpackung ganz oder teilweise unangemalt. Auch Deckel haben häufig schöne Farben, sodass du sie nicht anzumalen brauchst.

Mach eine „schmutzige" Oberfläche

Male deine Figur einfarbig an und lass sie trocknen. Nimm ein Stück Klopapier, tunke es in ein kleines bisschen schwarze Farbe und verwische die Farbe auf der Figur. Falls du zu viel Farbe genommen hast, kannst du einen Teil mit einem sauberen Stück Klopapier aufnehmen. In jedem Fall musst du schnell arbeiten, damit die Farbe nicht trocknet, bevor du sie verstreichen kannst.

Roboter zu bauen macht riesigen Spaß!
Wenn ein Roboter fertig ist, kannst du
ihm sogar einen Namen geben.

Auf diesen Seiten siehst du viele Roboter.
Es ist eine ganze Familie, in der jeder
Roboter etwas Besonderes ist.

Roboter bauen

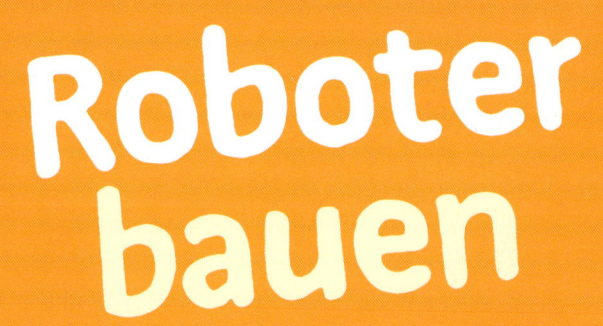

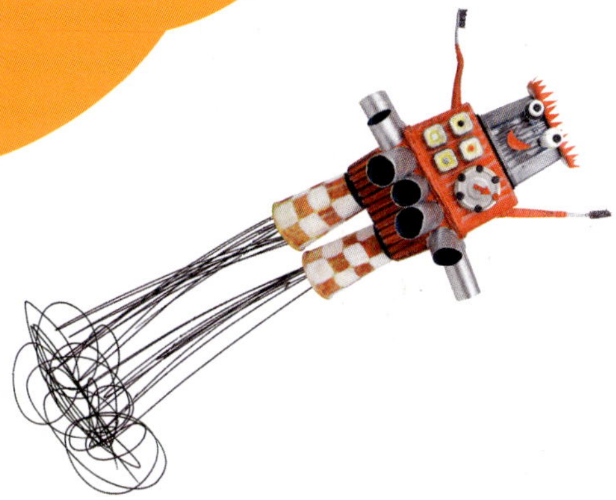

Mini Max

Du brauchst:

- Klebepistole
- Klebestäbchen
- Schere
- Acrylfarbe
- Pinsel
- Stift

Mini Max ist ziemlich klein und noch ganz schön jung. Aber er träumt davon, eines Tages so groß und stark wie sein Opa, Werner, der Riese, zu werden. Damit das klappt, frühstückt Mini Max jeden Tag vor der Schule Schwarzbrot mit Schraubenschlagsahne.

2 Kartons
(Körper & Kopf)

4 Korken
(Arme & Beine)

Deckel
(Augen, Knopf,
Hände & Füße)

1 Strichcode
(Mund)

Kabel oder Stahldraht
(Antenne)

1 Eierkarton
(Augen)

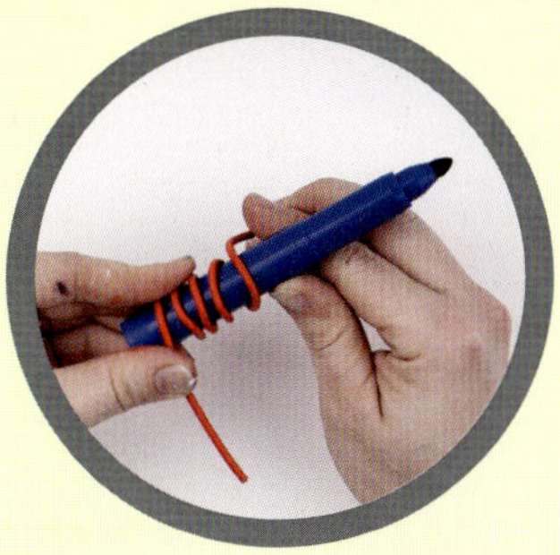

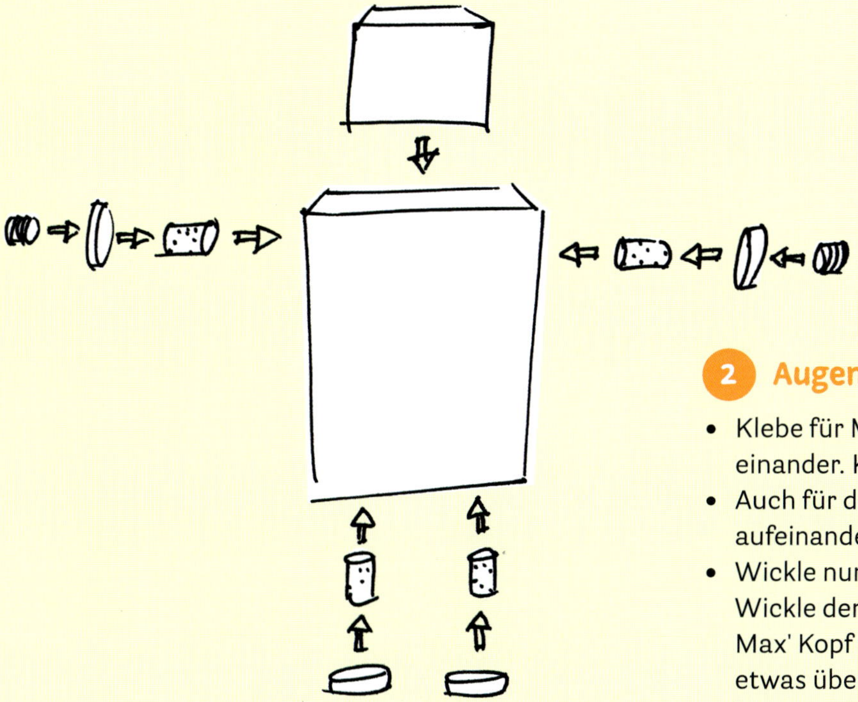

2 Augen, Bauch & Antennen

- Klebe für Max' Augen verschiedene Deckel aufeinander. Klebe dann die Augen auf Max' Gesicht.
- Auch für den Bauch klebst du mehrere Deckel
aufeinander, danach klebst du sie auf Max' Körper.
- Wickle nun Kabel oder Draht um einen Stift.
Wickle den Draht so, dass die Spirale so breit wie
Max' Kopf wird. Der Draht sollte an beiden Enden
etwas überstehen, damit du ihn am Kopf befestigen
kannst. Nimm den Stift nach dem Drehen heraus und
klebe die langen Enden der Spirale rechts und links an
den Kopf.
- Schneide den Strichcode mit einer Schere aus und
klebe ihn als Mund auf Max' Gesicht .

1 Kopf, Körper, Arme & Beine

- Zuerst klebst du den Kopf-Karton auf
den Körper-Karton. Danach kommen
die Korken für die Arme und Beine an
die Reihe.
- Die Füße und Hände werden aus
Deckeln gemacht. Klebe sie auf die
Korken-Arme und -Beine. So bleibt
Max sicher stehen.
- Male Max jetzt an.

3 Pupillen

- Schneide aus dem Eierkarton zwei
Trichter aus.
- Schneide jetzt den kleinen runden
Punkt in der Mitte jedes Trichters aus
und male ihn schwarz an. Nun klebst
du ihn auf den weißen Augendeckel.
Fertig ist Mini Max!

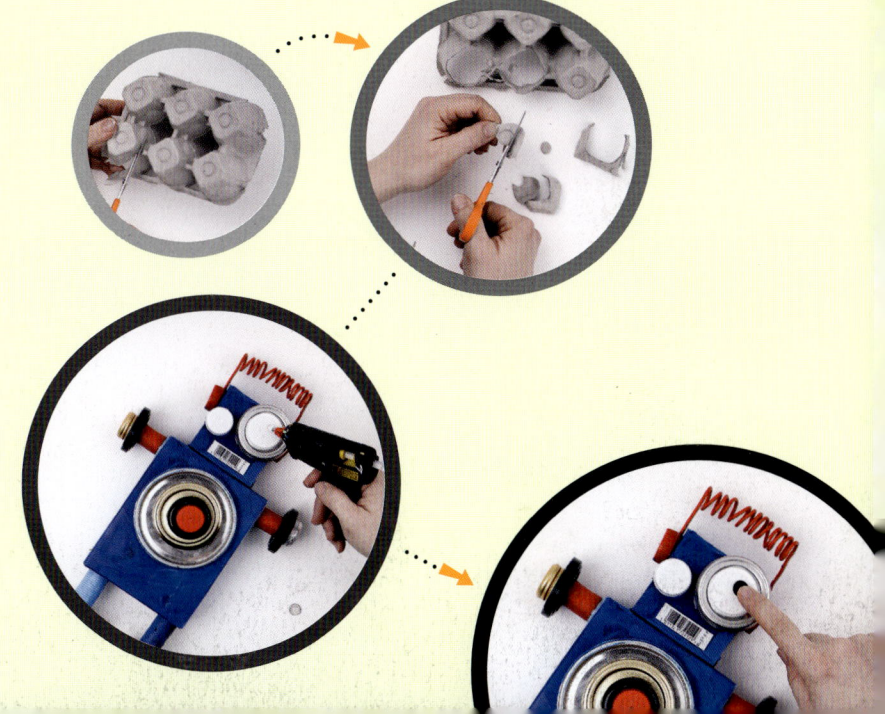

Bulldog Bob

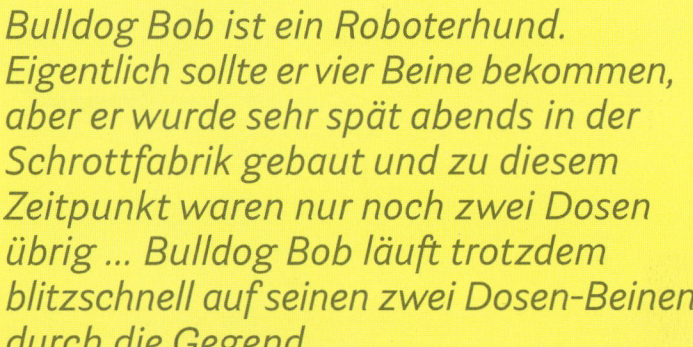

Bulldog Bob ist ein Roboterhund. Eigentlich sollte er vier Beine bekommen, aber er wurde sehr spät abends in der Schrottfabrik gebaut und zu diesem Zeitpunkt waren nur noch zwei Dosen übrig ... Bulldog Bob läuft trotzdem blitzschnell auf seinen zwei Dosen-Beinen durch die Gegend.

Du brauchst:

- Klebepistole
- Klebestäbchen
- Schere
- Acrylfarbe
- Pinsel

1 Karton
(Körper)

1 Eierkarton
(Kopf)

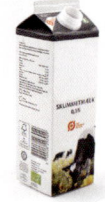

1 Milchkarton
(Mund)

2 Dosen
(Beine)

2 Klorollen
(Arme)

Filzstifte
(Finger)

Deckel
(Augen & Knopf)

1 Kopf, Körper, Arme & Beine

- Schneide mit einem Cutter oder einer spitzen Schere eine gezackte Linie in die Längsseite der Milchtüte, sodass es aussieht, als habe sie ein Haifischmaul. Das wird der Mund.
- Schneide Zacken in die Enden der beiden Klorollen.
- Schneide die beiden kegelförmigen Erhebungen aus der Mitte des Eierkartons. Pass auf, dass der Karton dabei ganz bleibt – er ist zugleich Bulldog Bobs Kopf.
- Klebe den Körper-Karton, den Mund, den Eierkarton-Kopf und die Dosen-Beine so zusammen, wie du es auf der Zeichnung siehst. Die Löcher im Eierkarton sieht man dann nicht mehr.
- Male Bulldog Bob an.

2 Augen & Finger

- Klebe verschiedene Deckel und Verschlüsse für die Augen aufeinander und klebe sie dann auf die Vorderseite des Eierkartons.
- Klebe die Filzstifte in die Klorollen. Tropfe dazu den Kleber auf das eine Ende der Filzstifte und klebe drei oder vier von ihnen in jeden Klorollen-Arm.
- Klebe einen großen Deckel als Knopf auf den Bauch.
- Jetzt ist Bulldog Bob bereit für Abenteuer!

Tipp

Bulldog Bob hat in Wahrheit einen zweiten Mund in seinem Eierkarton-Kopf, den du aufklappen kannst. Dort kannst du Sachen hineinlegen, die Bob gut schmecken!

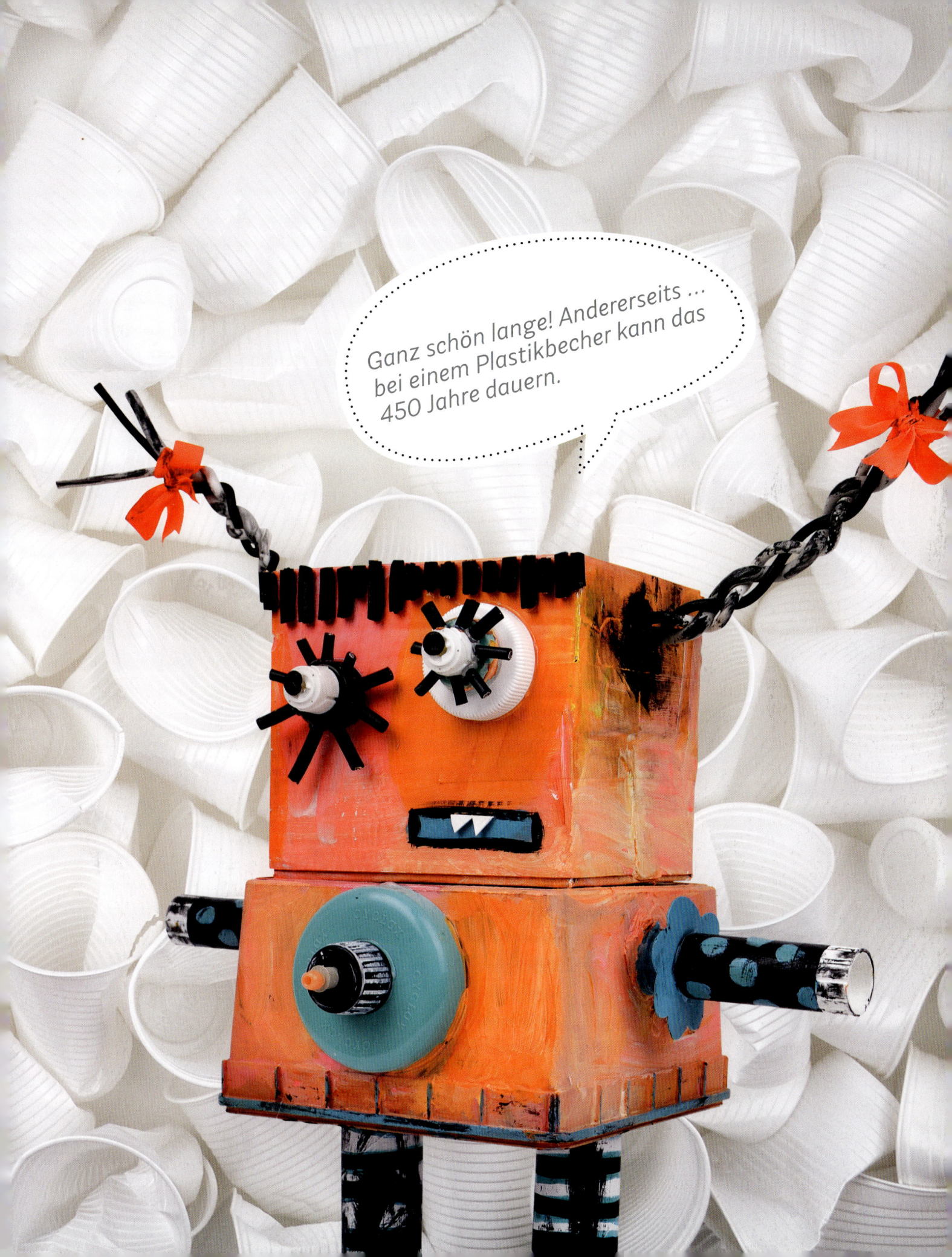

1 Kopf, Haare, Körper, Arme und Beine

- Klebe die beiden großen Kartons für den Körper zusammen. Gut ist, wenn sie gleichgroß sind.
- Klebe den kleinen Karton als Kopf und zwei Becher als Beine an den Körper.
- Schneide je ein Loch in beide Seiten des oberen Körper-Kartons. Setz die Zahnbürsten ein und klebe sie fest. Das sind Ritas Arme.
- Schneide den Deckel des ersten Eierkartons ab, schneide Zacken in seine Seiten und kleb ihn auf Ritas Kopf, sodass er wie eine Frisur aussieht.

2 Rock, Augen, Uhr & Knöpfe

- Schneide die Klorollen in unterschiedlich lange Stücke und klebe sie wie einen Rock an den unteren Körper-Karton.
- Klebe mehrere kleine Deckel auf die Korken, das werden die Augen. Klebe die Augen auf Ritas Gesicht.
- Schneide acht der kleinen runden Punkte, die sich unten in den Trichtern der Eierkartons befinden, aus und male sie schwarz an. Benutze zwei als Pupillen.
- Klebe die restlichen sechs Punkte auf einen großen Deckel. Ordne sie wie auf einer Uhr an und klebe die Uhr auf den oberen Körper-Karton.

- Zeichne einen Pfeil auf den Deckel des zweiten Eier-kartons, schneide ihn aus, male ihn rot an und klebe ihn auf die Uhr. Auch den Mund zeichnest du auf den Deckel des zweiten Eierkartons. Schneide ihn aus, mal ihn an und klebe ihn auf Ritas Gesicht.
- Schneide vier Eierkartonböden aus und klebe sie als Knöpfe auf den oberen Körper-Karton.
- Jetzt ist Raketen-Rita fertig und du kannst sie anmalen.

Raketen-Rita liebt es, mindestens einmal pro Tag zum Mond und wieder zurück zu fliegen. Dabei saust sie vorbei an Sternen, Planeten, außerirdischen Wesen, Meteoroiden und all den anderen Sachen, die da draußen unterwegs sind. Manchmal trifft sie auch einen anderen Raketenroboter. Dann ruft sie ihm schnell „Heeeeeeey" zu, bevor sie wieder im Weltall allein ist.

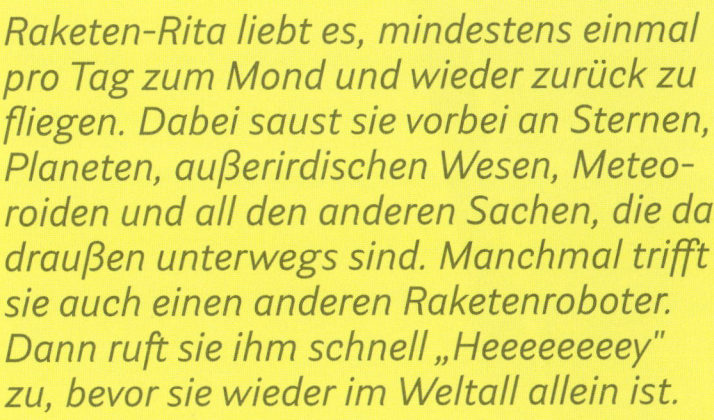

Raketen-Rita

Du brauchst:

- Klebepistole
- Klebestäbchen
- Schere
- Acrylfarbe
- Pinsel
- Filzstift

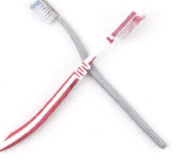

2 Zahnbürsten
(Arme)

Deckel
(Augen & Uhr)

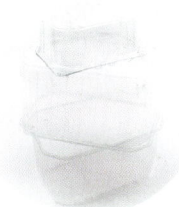

3 Plastikverpackungen
(Körper & Kopf)

2 Becher
(Beine)

12 Klorollen
(Kleid)

2 Eierkartons
(Haare, Pfeil,
Mund & Knöpfe)

2 Korken
(Augen)

2,80 Meter

Werner, der
RIESE

Werner, der Riese, ist immer auf der Suche nach kleinen Robotern und Kindern, die er fressen kann. Meistens ist er mit seinem Hund Kurt, dem Schnüffelspezialisten, unterwegs. Mit seiner Superschrottnase sucht Kurt nach kleinen Robotern für Werner. Deswegen schnell weglaufen, wenn du die beiden auf der Straße triffst!

Anleitung auf der nächsten Seite

Du brauchst:

- Klebepistole
- Klebestäbchen
- Schere
- Cutter
- Cutterunterlage
- Acrylfarbe
- Pinsel
- Gaffa-Tape

Du kannst auch ein paar der kleinen Roboter, die Werner so gern frisst, bauen. Sie sind aus Plastikflaschen und Becher gemacht.

5 Umzugskartons
(Kopf & Körper)

6 Kartons
(Beine, Füße
& Augen)

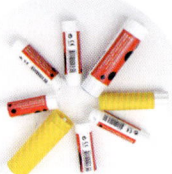

Klebestifte
(Wimpern)

4 Plastikverpackungen
(Augen & Nase)

Geschenkpapierrollen
(Haare)

2 Plastikbecher
(Augen)

Plastikverpackungen
(Bauch & Seiten)

Klebebandrollen
(Bauch)

Milchtüten
(Arme & Körperseiten)

Deckel & Kleinkram
(Augen & Knöpfe)

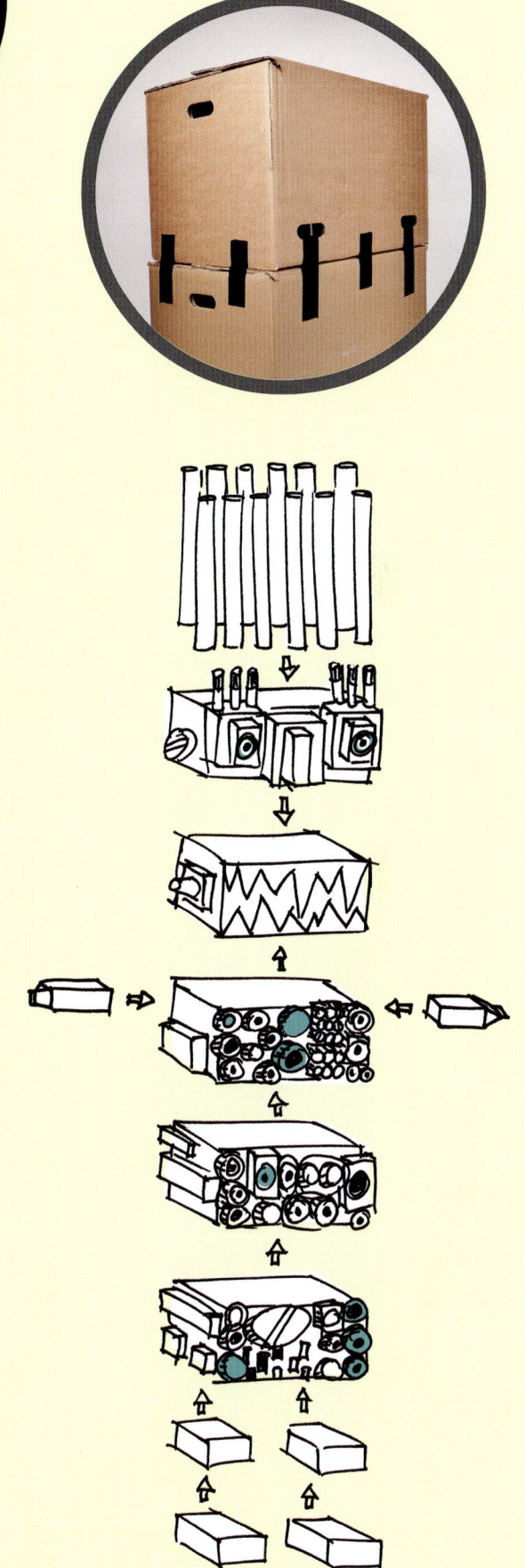

1 Kopf & Haare

- Klebe die Augen-Kartons aufeinander, klebe einen Becher darauf und zum Schluss ein paar Deckel. Fertig sind Werners Augen! Die Klebestifte für die Wimpern klebst du auf die Augen-Kartons. Klebe dann die beiden Augen auf einen Umzugskarton.
- Klebe zwei Kartons als Nase zwischen Werners Augen.
- Male die Posterrollen an und klebe sie oben auf den Umzugskarton. Das sind Werners Haare.
- Schneide große Zähne in den zweiten Umzugskarton.
- Klebe die beiden Umzugskartons aufeinander, verstärke mit Gaffa-Tape.
- Male den Kopf an.

2 Körper, Arme & Füße

- Klebe drei Umzugskartons als Körper zusammen. Klebe Gaffa-Tape zwischen die Kartons, damit Werner nicht umfällt. Klebe Arme-Milchtüten auf beide Seiten des Körpers.
- Klebe Plastikverpackungen und gebrauchte Klebebandrollen auf Werners Bauch. Klebe die Sachen dicht aneinander, damit sie eine Art Muster bilden. Klebe Milchtüten und Plastikverpackungen an Werners Seiten. Hier müssen die Gegenstände nicht so dicht aneinandergeklebt werden.
- Klebe die Kartons für die Beine zusammen und klebe sie dann an den Körper. Benutz auch hier Gaffa-Tape als Klebeverstärkung.
- Male Werners Körper an und lass ihn trocknen. Wenn du möchtest, kannst du danach ein paar der Verpackungen und Milchtüten anmalen, die du auf Werners Bauch und an Werners Seiten geklebt hast.
- Wenn die Farbe trocken ist, kannst du Deckel und Kleinkram auf die Verpackungen auf Werners Bauch kleben. Male einige von ihnen an und lass die anderen, wie sie sind.
- Klebe den Kopf und den Körper zusammen. Benutze wieder Gaffa-Tape zur Verstärkung. Jetzt ist Werner fertig!

Wilde Hilde

Die Wilde Hilde liebt Schlammpfützen über alles. Während die anderen Schrottroboter für Schokolade alles tun würden, findet die Wilde Hilde alles, was mit Schlamm zu tun hat, super.

Du brauchst:

- Klebepistole
- Klebestäbchen
- Schere
- Kneifzange
- Acrylfarbe
- Pinsel
- Filzstift

1 Karton
(Kopf)

1 Plastikverpackung
(Körper)

2 Küchenrollen
(Beine)

2 CDs
(Füße)

Deckel
(Augen, Knöpfe
& Ärmel)

Kabel
(Zöpfe)

Geschenkbänder
(Zöpfe)

4 Gummibänder
(Zöpfe)

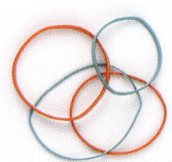

2 Klebestifte
(Arme)

1 Zöpfe, Kopf, Körper & Beine

- Schneide das Kabel in sechs gleich lange Stücke (behalte dabei einen kleinen Rest für die Wimpern). Klebe jeweils drei Kabel an ihrem Ende zusammen und wickle ein Gummiband darum. Flechte zwei Zöpfe, deren Enden du wiederum zusammenklebst. Wickle auch um diese Enden jeweils ein Gummiband. Aus dem Geschenkband kannst du zwei schöne Schleifen für Hilde machen.
- Mit einer spitzen Schere bohrst du auf jede Seite des Kopf-Kartons ein Loch. Setz die Zöpfe ein und klebe sie fest.
- Male die Küchenrollen an. Das werden Hildes Beine. Wenn die Küchenrollen getrocknet sind, klebst du unter jedes Küchenrollen-Bein eine CD als Fuß.
- Nun werden Körper und Kopf zusammengeklebt. Befestige dann die Beine am Körper-Karton. Achte darauf, dass sie in der Mitte vom Karton fest geklebt sind, damit die Wilde Hilde sicher steht.

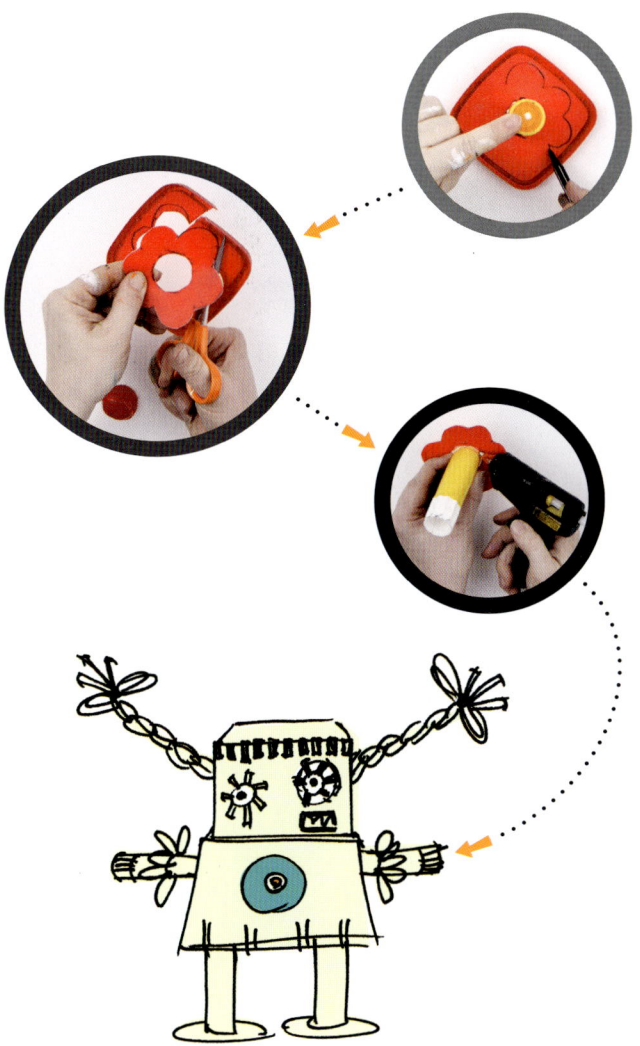

2 Arme, Ärmel, Gesicht & Knöpfe

- Zeichne eine Blume auf einen großen Plastikdeckel. Du kannst einen Klebestift als Schablone benutzen. Stelle ihn dafür in die Mitte des Plastikdeckels und umrande ihn mit einem Stift. Jetzt hast du den Innenkreis. Stelle dann den Klebestift etwas versetzt auf den Deckel, und zeichne Halbkreise um den mittleren Kreis herum. Das Ganze musst du zwei- mal machen, für den rechten Arm und den linken.
- Schneide den Innenkreis aus und dann einmal ganz um die Blume herum. Stecke den Klebestift durch die Öffnung und klebe ihn fest. Dasselbe machst du mit dem zweiten Klebestift-Arm.
- Schneide nun rechts und links ein Loch in den Körper-Karton, setze die Klebestift-Arme ein und klebe sie fest.
- Klebe einige Deckel als Augen auf das Gesicht.
- Klebe mehrere verschieden große Deckel als Bauch- knöpfe aufeinander und dann auf Hildes Bauch.
- Male den Roboter an.
- Zum Schluss schneidest du kurze Kabelstücke ab und klebst sie als Wimpern an die Augen.
- Aus den Resten der Blumen-Deckel kannst du Zähne basteln.

1 Körper, Kopf, Arme & Beine

- Schneide das obere Stück von zwei Milchtüten mit einem Cutter so ab, dass sie rechteckig sind. Klebe sie als Füße auf die beiden flachen Kartons – fertig sind Ronnies Beine.
- Klebe dann die großen Teile – Körper, Kopf, Arme und Beine – so zusammen, wie du es auf der Zeichnung siehst. Ronnies Körper, sein Kopf und die Füße sind aus Kartons gebastelt, seine Arme und Beine sind Milchtüten und die Schultern runde oder ovale Dosen. Achte darauf, dass die Milchtüten-Arme nicht ganz senkrecht angeklebt sind. Dann sieht es aus, als wollte Ronnie gleich losmarschieren. Setze auch den Kopf schräg auf den Körper.

2 Gesicht, Finger & Knöpfe

- Male Ronnie an und lass ihn trocknen.
- Klebe die Deorollerball-Fassungen in zwei Dosen fest und klebe die Dosen als Augen auf den Kopf-Karton. Du kannst noch je einen schwarzen Punkt als Pupille darauf malen. Auch den Dosendeckel klebst du in Ronnies Gesicht. Das ist sein Mund.
- Klebe die Aufreißlaschen der Dosen als Finger an die Milchtüten-Arme und die Teelichter mit dem Boden nach außen auf den Roboterbauch. Jetzt ist Ronnie fertig.

Tipp

Wenn du die Deorollerbälle samt Fassung benutzt, kann Ronnie seine Augen bewegen. Du kannst aber auch einfache Plastikdeckel nehmen und dann die Deckel nach und nach vorsichtig ablösen und durch Deo-Augen ersetzen, immer, wenn bei euch zu Hause ein Deo leer ist.

Ronnie Rostock

Ronnie Rostocks bester Freund heißt Rock-Roland. Die beiden gehen gerne nachts spazieren, weil es dann so schön ruhig ist. Ab und zu machen sie eine kleine Pause, um die Stille der Nacht zu genießen. Dann ist nichts zu hören oder vielleicht doch ...?

Du brauchst:

- Klebepistole
- Klebestäbchen
- Schere
- Cutter
- Cutterunterlage
- Acrylfarbe
- Pinsel

2 Kartons
(Körper & Kopf)

4 Milchtüten
(Arme & Beine)

2 flache Kartons
(Füße)

Teelichter
(Knöpfe)

4 Aufreißlaschen
von Dosen
(Finger)

4 kleine Dosen
(Augen & Schultern)

3 Bälle von Deorollern
(Augen)

1 Dosendeckel
(Mund)

Blip-Blop

Blip-Blop ist ein Roboter mit zwei Seiten. Blip hat immer gute Laune. Blop ist dagegen oft mürrisch und schlecht gelaunt. Sie sammeln alle bunten Schrottsachen, die sie finden können, und benutzen sie als Knöpfe für ihre Bäuche. Sie drücken und drehen an den Knöpfen, bis Seifenblasen aus ihren Armen schweben. Wenn eine besonders große Seifenblase vorbeikommt, lachen beide laut und dann sieht Blop fast ein bisschen fröhlich aus.

Blip-Blop

Blip!

Blop!

Du brauchst:

2 Kartons
(Körper & Kopf)

- Klebepistole
- Klebestäbchen
- Schere
- Cutter
- Cutterunterlage
- Acrylfarbe
- Pinsel
- Filzstift

2 Sprühflaschen
(Arme)

Klebebandrollen
(Brille)

Deckel & Kleinkram
(Knöpfe, Augen & Ohren)

4 Dosen
(Beine)

Kabel
(Mund)

Kuli- & Filzstiftdeckel
(Knöpfe)

Tipp

Es gibt sehr viele kleine Teile, die du auf Blip-Blop kleben kannst. Deswegen ist es eine gute Idee, Krimskrams über eine längere Zeit zu sammeln, damit du richtig viele merkwürdige und witzige kleine Verpackungen, Deckel und anderes zum Bauen hast.

1 Kopf, Körper & Beine

- Stell den großen Karton hochkant auf und klebe die vier Dosen als Beine an die Ecken des Kartons.
- Drehe den Karton um, stelle Blip-Blop auf die Füße.
- Wenn du Blops Kopf wie auf dem Foto in unterschiedliche Teile einteilen möchtest, du aber nur einen normalen Karton hast, schneide die Kartonvorderseite ab. Aus dem abgeschnittenen Stück Pappe schneidest du eine Trennwand und zwei Abdeckungen zurecht und klebst sie in den Karton. Wie das genau funktioniert, kannst du auf den Fotos sehen.
- Wenn du damit fertig bist, klebst du den Kopf auf den Körper-Karton.

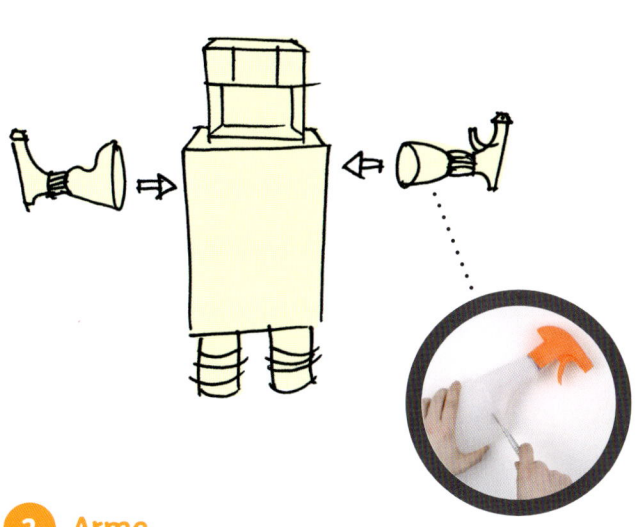

2 Arme

- Schneide jeweils die obere Hälfte der Sprühflaschen ab.
- Schneide seitlich rechts und links ein Loch in den Karton, setze die Flaschenteile ein und verklebe sie.

3 Gesichter & Bäuche

- Klebe allen möglichen Krimskram auf Blips und Blops Bäuche. Du kannst auch ihre Seiten bekleben.
- Klebe die Klebebandrollen als Brille auf Blips Gesicht. Aus mehreren aufeinandergeklebten Deckel machst du Augen für die beiden Roboter. Aus einem kleinen Stück Kabel wird Blips Mund. Blop bekommt zwei Kabelstücke als Augenbrauen. Blops Zähne sind aus Karton. Wenn du alte Badminton-Bälle hast, kannst du sie den Robotern als Ohren auf den Kopf kleben.
- Wähle eine Grundfarbe, in der du Blip-Blop bemalst, und male auch ein paar der angeklebten Gegenstände an. Viele der Knöpfe haben aber so schöne Farben, dass du sie gar nicht anzumalen brauchst.

Schrott-roboter
drucken

Das sind die Roboter von Emma, Nina, Elina, Matilde, Christian, Vera, Anna, Oscar und Noa Lee

Du brauchst:

- Schere
- Wasserfarbe
- Acrylfarbe
- Pinsel

Roboter kannst du nicht nur basteln, sondern auch drucken! Hier siehst du Drucke mit Müll, die Kinder selbst gemacht haben. Sammle ein paar Verpackungen, einige Deckel und anderen Kleinkram und schon kannst du die coolsten Schrottroboter drucken!

Deckel, Noppenfolie, Schraubenmuttern usw.

Verpackungen in unterschiedlichen Formen

1 Blatt DIN-A3-Papier

Katinkas Roboter

Tipp

Du kannst die einzelnen Körperteile auch schief oder in verschiedenen Größen drucken, z. B. ein größeres und ein kleineres Auge.

1 Körper & Kopf

- Überlege, wie dein Roboter aussehen soll.
- Male die Kanten der Verpackung, mit der du den Körper drucken möchtest, sorgfältig mit schwarzer Acrylfarbe an. Drehe die Verpackung um und drücke sie aufs Papier. Wenn du ein bisschen Druck ausübst und dabei aufpasst, dass sich die Verpackung nicht verschiebt, bekommst du einen schönen, klaren Umriss. Ganz gleichmäßig wird er meistens nicht, aber so soll das auch sein.
- Die Umrisse für den Kopf druckst du genauso, nur mit einer etwas kleineren Form.

2 Details

- Auf dieselbe Art und Weise druckst du jetzt alle anderen Teile des Roboters. Du kannst ihm Augen, Wimpern, eine Nase, einen Mund, Haare, einen Bart, Antennen, Arme und Finger oder Flügel, Beine, Füße und verschiedene Knöpfe drucken. Vielleicht fällt dir noch etwas ganz anderes ein? Schau dir die Deckel und den Kleinkram, den du gesammelt hast, genau an und lass dich von den Formen inspirieren.
- Wenn die schwarze Farbe getrocknet ist, kannst du den Roboter noch bunt anmalen.

Kinder bauen
Roboter

Hier siehst du verschiedene Roboter, die von Kindern gebaut wurden. Du kannst dich von ihnen inspirieren lassen oder deine ganz eigenen Roboter bauen. Während du bastelst, überlege dir, wie dein Roboter heißen soll – ein Name macht ihn noch lebendiger!

Willkommen im Reich der Tiere. Wie wir Menschen sind auch die Tiere sehr unterschiedlich. Einige leben in Gruppen, andere sind lieber allein. Einige Tiere haben Freunde, die ganz anders sind als sie selbst.

Manche Tiere kannst du als Bilder an die Wand hängen. Du kannst auch mit den Tieren spielen, sie können in deinem Fenster Wache halten – oder etwas ganz anderes tun. Du entscheidest!

Tiere basteln

Willy W.

Willy Widder liebt Streifen! Und eine bessere Wand, um daran aufgehängt zu werden, hätte er sich nicht wünschen können.

Du brauchst:

- Klebepistole
- Klebestäbchen
- Schere
- Cutter
- Cutterunterlage
- Acrylfarbe
- Pinsel
- Filzstift
- Gaffa-Tape

1 Karton
(Platte)

1 Flasche
(Kopf)

7 Klorollen
(Hörner)

Deckel
(Augen)

Spülbürste
(Fell)

Kabel
(Mund)

Schraubenmuttern
(Dekoration)

1 Büroklammer
(Aufhängung)

1 Platte & Kopf

- Schneide den Karton auseinander und zeichne die Platte auf eine Seite. An dieser Platte soll Willy später befestigt werden. Zeichne dieselbe Form noch einmal auf die andere Seite, aber ein bisschen kleiner.
- Schneide die beiden Platten mit einem Cutter aus und klebe sie aufeinander.
- Schneide die Plastikflasche so durch, wie du es auf dem Foto siehst, und klebe die eine Hälfte mit der Schnittfläche auf die Platte. Der Flaschenhals zeigt dabei nach unten.

2 Hörner

- Schneide die Klorollen in je drei Stücke. Male die eine Hälfte der Klorollen schwarz an und die andere Hälfte gelb.
- Nimm eines der Klorollenstücke und streiche Kleber auf die Innenseite des Stücks. Klebe dabei nur auf die untere Hälfte. Setze ein anderes Stück Klorolle leicht schräg hinein. Mach immer so weiter und nimm abwechselnd schwarze und gelbe Stücke, bis du ein schönes gebogenes Horn hast. Das zweite Horn bastelst du genauso.

3 Gesicht & Aufhängung

- Zersäge die Spülbürste mit einer Laubsäge und klebe den Spülbürstenkopf als Fell auf Willys Flaschen-Kopf.
- Klebe die Büroklammer oben auf die Rückseite der Platte. Klebe Gaffa-Tape darüber.
- Jetzt kannst du Willy anmalen.
- Schneide ein Stück Kabel mit einer Kneifzange ab und klebe es als Mund auf das Gesicht, sobald die Farbe getrocknet ist.
- Klebe zum Schluss die Augen-Deckel aufeinander und dann auf Willys Kopf. Mit Schraubenmuttern kannst du jetzt noch die Platte dekorieren.

Tim Tausendfüßlers bester Freund heißt Sigurd Spinne. Die beiden wohnen im selben Baum im Park. Jeden Tag machen sie ein Wettrennen: Wer kommt am schnellsten vom Baum runter? Pass auf, dass du nicht im Weg stehst ...

Du brauchst:

- Klebepistole
- Klebestäbchen
- Cutter
- Cutterunterlage
- Kneifzange
- Ahle
- Acrylfarbe
- Pinsel

7 Korken
(Körper)

Blumendraht
(Beine)

Perlen
(Körper & Augen)

Tim Tausendfüßler

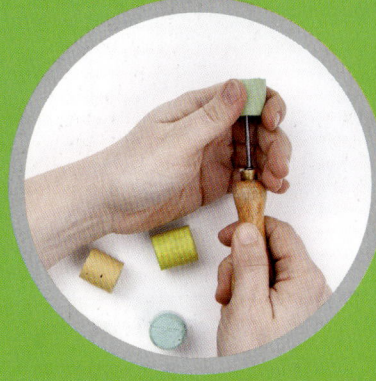

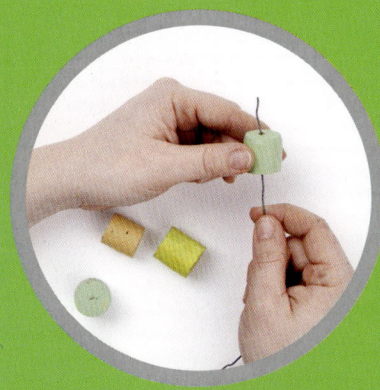
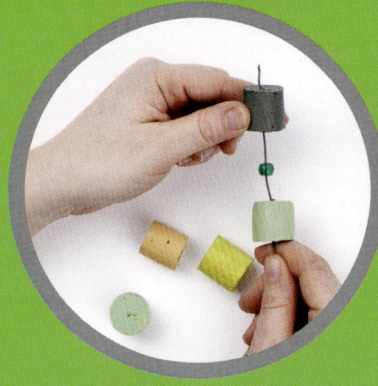

1 Körper

- Schneide jeden Korken in der Mitte durch.
- Male die Korken in verschiedenen Farben an.
- Lege einen Korken für den Kopf zur Seite. Die anderen Korken durchbohrst du vorsichtig.
- Ziehe den Draht durch den ersten Korken, fädle eine Perle auf und ziehe dann wieder einen Korken auf. Mach so weiter, bis nur noch der Kopf-Korken übrig ist. Als letztes Körperglied kannst du eine Perle anbringen.
- Nimm den Kopf-Korken und bohre ein Loch hinein. Lass etwas Kleber in das Loch tropfen und stecke das Ende des Drahts mit den Körper-Korken darauf hinein.

2 Beine & Gesicht

- Bohre jeweils vier Löcher in die Unterseiten der Körper-Korken – hier kommen Tims Beine hin. Tropfe etwas Kleber in jedes Loch und stecke jeweils ein kleines Stück Draht als Bein hinein. Achte darauf, dass die Beine ungefähr gleich lang sind, damit Tim stehen kann.
- Klebe zum Schluss Perlen als Augen und als Nase auf Tims Gesicht. Benutze einen Drahtrest als Mund.

Super Sonja

80 cm

Superschmetterlinge fliegen immer im Schwarm. Sie sind riesengroß. Manchmal singen sie, jeder Schmetterling in seinem eigenen Ton. Wenn sie alle zusammen singen, klingt es wie eine Regenbogensinfonie.

Anleitung auf den nächsten Seiten

Du brauchst:

- Klebepistole
- Klebestäbchen
- Cutter
- Cutterunterlage
- Kneifzange
- Laubsäge
- Ahle
- Acrylfarbe
- Pinsel
- Gaffa-Tape
- Filzstift
- Bleistift
- Lineal

1 Posterrolle oder
1 Geschenkpapierrolle
(Körper)

1 Umzugskarton
(Flügel)

1 Blatt DIN-A3-Papier
(Flügel)

2 kleine Papp-
oder Plastikbecher
(Kopf & Hinterteil)

4 Plastikdeckel
(Augen & Flügeldekoration)

1 Eierkarton
(Rüssel)

2 Strohhalme
(Fühler)

1 Büroklammer
(zum Aufhängen)

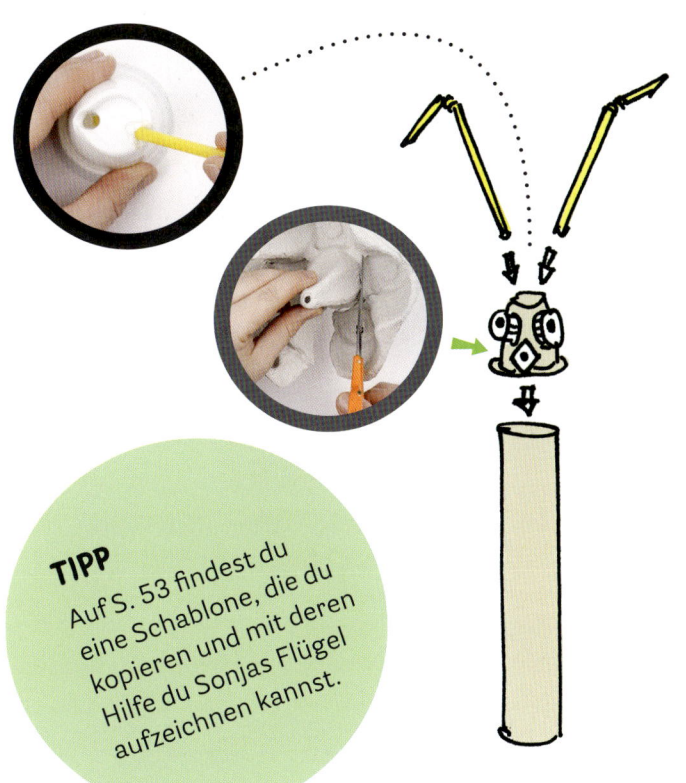

TIPP

Auf S. 53 findest du eine Schablone, die du kopieren und mit deren Hilfe du Sonjas Flügel aufzeichnen kannst.

1 Kopf & Körper

- Zuerst befestigst du die Fühler an Sonjas Becher-Kopf. Stell den Becher dazu umgekehrt hin und bohre mit der Ahle zwei Löcher in den Becherboden. Vergrößere die Löcher vorsichtig mit einem Bleistift. Streiche Kleber auf die Seiten des ersten Lochs und stecke einen Strohhalm in das Loch. Halte ihn fest, bis der Kleber getrocknet ist. Klebe den zweiten Strohhalm in das andere Loch.
- Klebe Sonjas Kopf an ein Ende des Papprollen-Körpers.
- Klebe zwei Deckel als Augen seitlich an Sonjas Kopf.
- Schneide eines der kegelförmigen Teile aus dem Eierkarton aus. Das wird Sonjas Rüssel. Klebe den Rüssel unten zwischen die Augen auf den Kopf.
- Male Kopf und Körper an und lass alles trocknen. Male auch den zweiten Becher an. Stelle ihn zunächst zur Seite.

2 Flügel

- Ein Schmetterling hat zwei gleiche Flügel. Deshalb bastelst du zuerst einen Flügel und machst den anderen später genauso.
- Schneide die Seiten des Umzugskartons auseinander.
- Jeder Flügel besteht aus fünf unterschiedlichen Teilen, die einzeln ausgeschnitten und später zusammengeklebt werden. Die ersten beiden Teile bilden die Grundform des Flügels. Wie sie aussehen sollen, siehst du auf der Zeichnung.
- Zeichne die beiden Grundformen auf den Karton und schneide sie aus. Lege sie so aufeinander, wie du es auf der Zeichnung siehst.
- Zeichne danach die anderen drei Flügelformen auf, schneide sie aus und lege sie auf die Grundformen. Passen die Flügelformen von der Größe her zueinander? Falls nicht, schneide sie ein wenig zurecht.
- Jetzt hast du einen Flügel, den du als Schablone benutzen kannst. Lege alle Einzelteile auf ein Stück Karton, zeichne sie ab und schneide die neuen Teile aus. Wenn du die neuen Teile umdrehst, sind sie spiegelverkehrt zu den ersten – und der zweite Flügel ist fertig.
- Male die Flügelteile bunt an.
- Wenn die Farbe getrocknet ist, klebst du die Einzelteile zusammen. Beginne mit den beiden Grundformen und klebe dann die anderen drei Formen auf jeden Flügel. Wie genau die Teile zusammengehören, siehst du auf der Zeichnung.

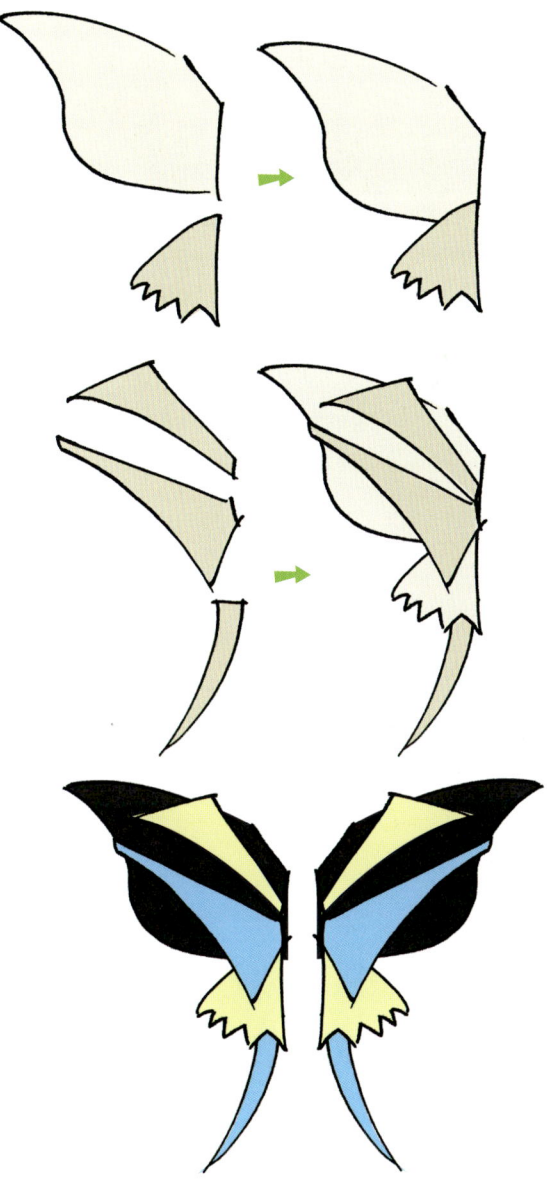

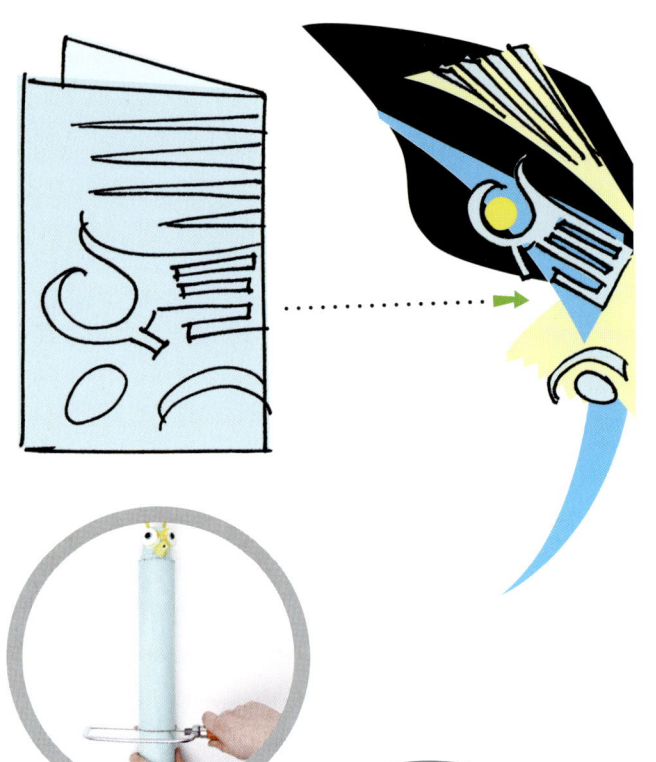

3 Flügelmuster

- Möchtest du die Flügel mit einem Muster verschönern? Dann malst du zuerst das A3-Papier an: Verdünne Acrylfarbe mit etwas Wasser und bemale den Papierbogen mit groben Pinselstrichen. Lass die Farbe trocknen. Es ist wichtig, dass sie ganz trocken ist. Falte das Papier mit der bemalten Seite nach innen. Zeichne Streifen oder andere Muster darauf. Einige Beispiele siehst du auf dieser Seite – oder du denkst dir selbst etwas aus.
- Schneide die Formen aus. Wenn du das Papier jetzt auseinanderfaltest, hast du jeweils zwei identische Formen – eine für jeden Flügel –, die in der Mitte noch zusammenhängen. Schneide sie an der Linie, die das Falten hinterlassen hat, auseinander.
- Klebe die Papiermuster auf die Flügel.
- Dekoriere die Flügel mit Deckeln und anderem Kleinkram.

4 Körper & Flügel zusammenkleben

- Lege die Flügel mit der Rückseite nach oben nebeneinander und dann den Körper darauf. Wenn er länger als die Flügel ist, säge ihn ab.
- Klebe den bemalten Becher (siehe Schritt 1) an das Ende des Papprollen-Körpers.
- Streiche Kleber auf die Innenkante des ersten Flügels und setze den Papprollen-Körper darauf. Klebe den zweiten Flügel auf dieselbe Art und Weise an den Körper. Drehe den Schmetterling vorsichtig um und verstärke die Klebestellen mit Gaffa-Tape.

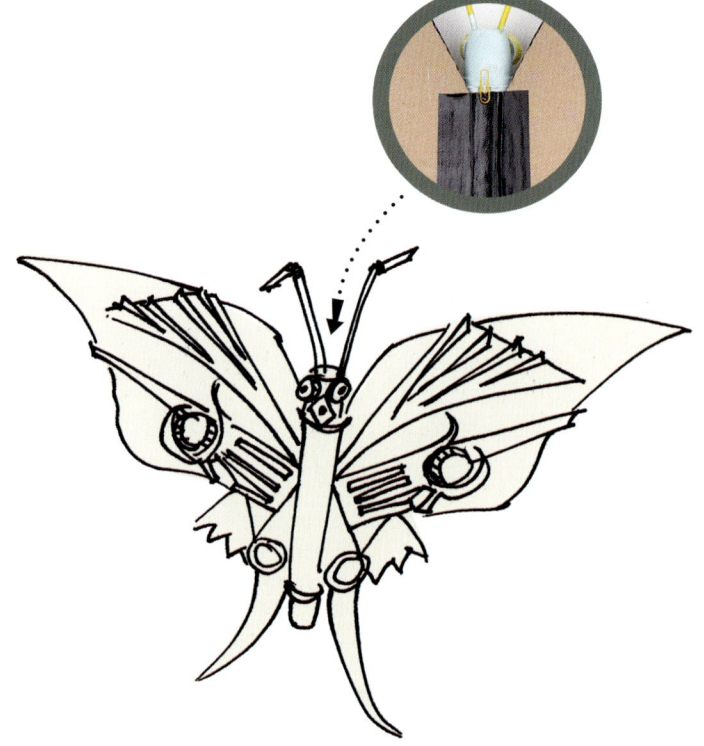

5 Aufhängung

- Klebe eine Büroklammer auf die Rückseite von Sonjas Papprollen-Körper, wie du es auf dem Foto siehst. Verstärke die Aufhängung, indem du einen Streifen Gaffa-Tape über den unteren Teil der Büroklammer klebst. Jetzt ist Super Sonja fix und fertig!

Tipp

Du kannst die Flügel genauso machen wie Super Sonjas Flügel oder auf S. 44 nachschauen, wo du noch mehr Schmetterlinge findest. Oder du zeichnest einfach ganz andere Flügel.

Schablone

Das ist eine Schablone für Super Sonjas großen, schwarzen Flügel:

- Kopiere den Flügel in doppelter Größe (du stellst dafür auf dem Kopierer 200 % ein) auf ein DIN-A3-Papier.
- Schneide die Schablone aus, zeichne den Flügel auf die Pappe und schneide ihn mit einem Cutter aus.
- Danach kannst du die anderen Flügelteile aufzeichnen, sodass sie gut zum Grundflügel passen.

Tipp

Wenn du Super Sonja kleiner bauen möchtest, kannst du ihren Körper aus einer Küchenrolle machen und die Flügel kleiner ausschneiden.

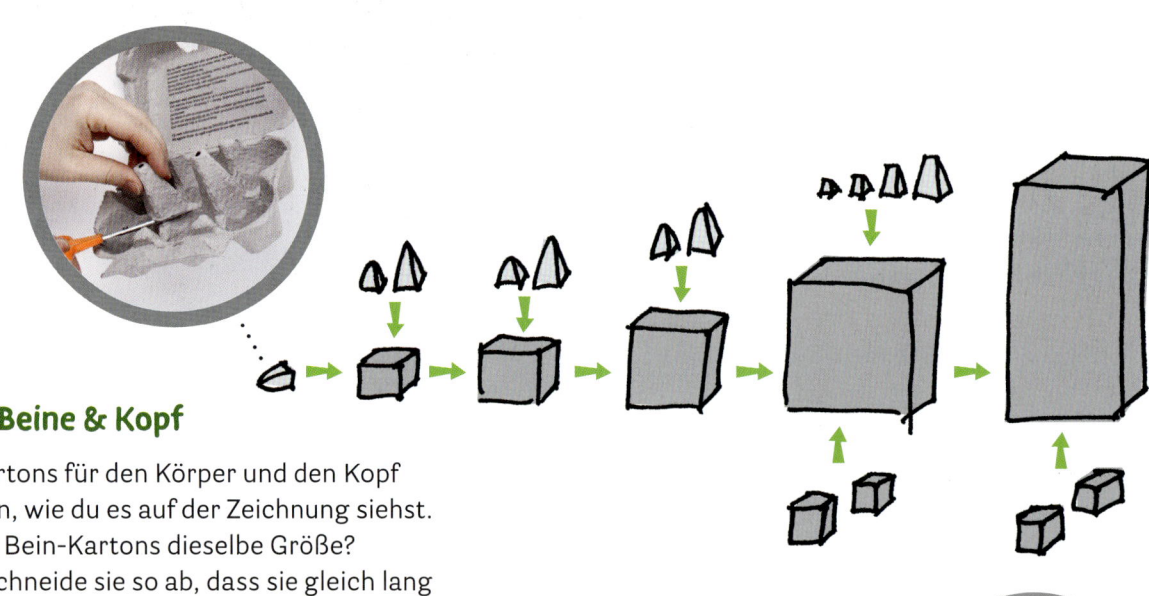

1 Körper, Beine & Kopf

- Klebe die Kartons für den Körper und den Kopf so zusammen, wie du es auf der Zeichnung siehst.
- Haben deine Bein-Kartons dieselbe Größe? Falls nicht, schneide sie so ab, dass sie gleich lang sind. Klebe sie dann auf alle vier Ecken der beiden größten Körper-Kartons.
- Schneide die kegelförmigen Erhebungen aus den Eierkartons. Am besten schneidest du sie unterschiedlich weit unten ab, sodass sie verschiedene Längen bekommen. Klebe sie wie die Zacken eines Drachens auf den Rücken des Schrott-O-Saurus und auch um seinen Kopf herum.

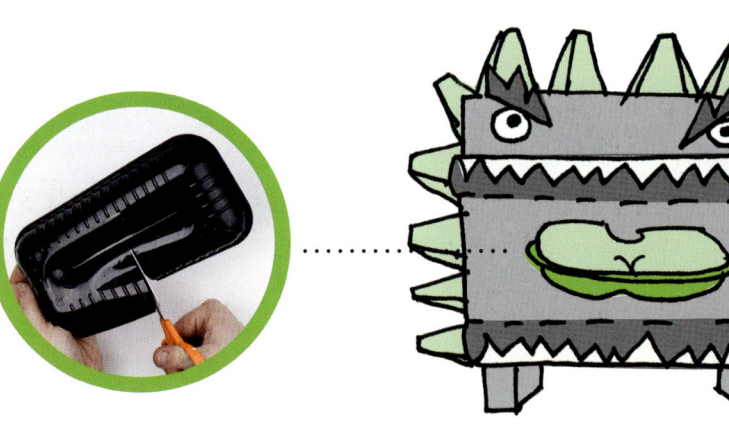

2 Gesicht & Mund

- Schneide die Küchenrolle längs durch, sodass du zwei halbe Rollen erhältst. Schneide jeweils eine Seite der halben Rollen zackenförmig ein – das sind die Zähne des Schrott-O-Saurus. Klebe die Zähne auf das Gesicht, wie du es auf den Fotos siehst.
- Schneide für die Zunge die Verpackung quer durch, klebe die beiden Teile aufeinander und dann zwischen die Zahnreihen.
- Klebe die Deckel-Augen auf.
- Schneide gezackte Augenbrauen aus einem Eierkartondeckel aus und klebe sie über die Augen.
- Jetzt muss der Schrott-O-Saurus nur noch angemalt werden!

Schrott-O-Saurus

Der Schrott-O-Saurus ernährt sich von Schrott. Wenn du Glück hast, siehst du ihn auf dem Schrottplatz oder kannst ihn beobachten, wie er einem Müllwagen hinterherläuft. Rostige Nägel und alte Dosen sind sein Lieblingsessen.

Du brauchst:

- Klebepistole
- Klebestäbchen
- Schere
- Acrylfarbe
- Pinsel

4 Kartons
(Kopf & Körper)

4 kleine Kartons
(Beine)

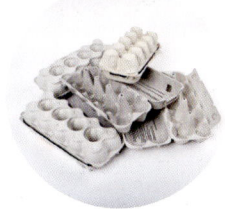

5 Eierkartons
(Zacken)

1 flache Plastikverpackung
(Zunge)

1 Küchenrolle
(Mund)

2 Deckel
(Augen)

Paula Pinguin & ihre Freunde

Alle Pinguine fressen Fisch. Bis auf
Paula. Paula ist ein bisschen anders.
Haps! macht es, wenn eine Erdbeere
vorbeitreibt – und schon ist sie in
Paulas Bauch.

Anleitung
auf der nächsten Seite

Paula Pinguin

Du brauchst:

- Klebepistole
- Klebestäbchen
- Schere
- Acrylfarbe
- Pinsel
- Filzstift

1 Flasche
(Körper)

1 Karton
(Kopf)

1 flache Plastikverpackung
(Flügel)

Noppenfolie
(Bauch)

2 Plastikdeckel
(Augen)

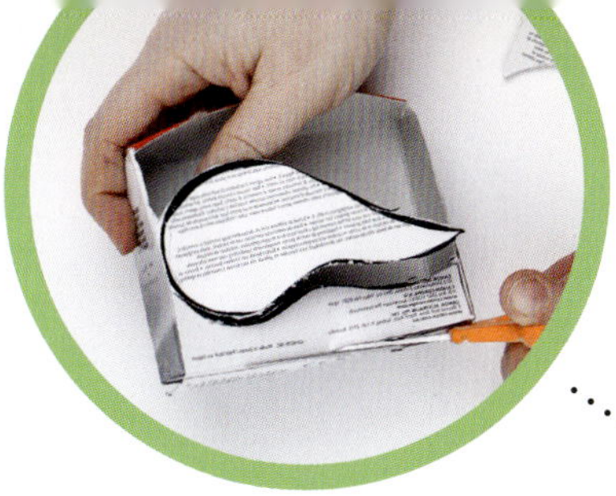

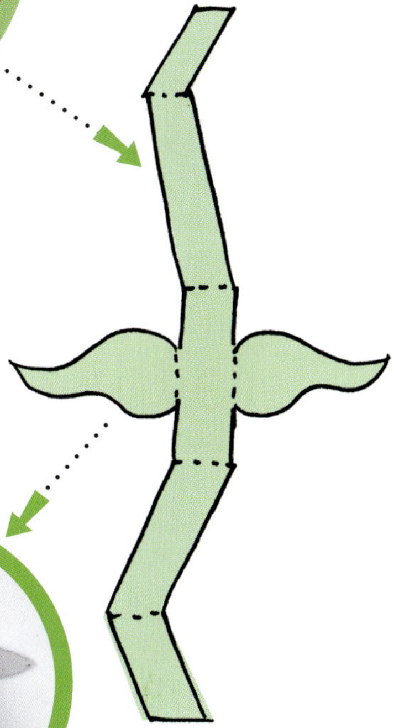

1 Kopf & Körper

- Zeichne Paulas Kopf auf beide Seiten des Kartons auf. Achte dabei darauf, dass der Hinterkopf bis an die Kartonkante reicht. Schneide den Kopf aus – der Hinterkopf bleibt aber mit den Seitenteilen des Kartons verbunden, wie du es auf dem Foto und der Zeichnung siehst. Wichtig ist, dass Paulas Kopf auf beiden Kartonseiten gleich aussieht.
- Schneide die Kartonseite mittig auf und falte sie vorsichtig auseinander, sodass du einen langen Streifen mit den beiden Kopfteilen daran erhältst.
- Trage Kleber entlang den Kopfumrissen auf. Falte die beiden Kopfteile und den Kartonrand so zusammen, dass der obere Teil des Kopfes geschlossen ist. Paulas Schnabel soll offen stehen, klebe deshalb den unteren Teil nicht fest. Falls der Kartonstreifen zu lang ist, schneidest du ihn ab.
- Streiche Kleber auf den Deckelrand der Flasche und setze den Kopf darauf.

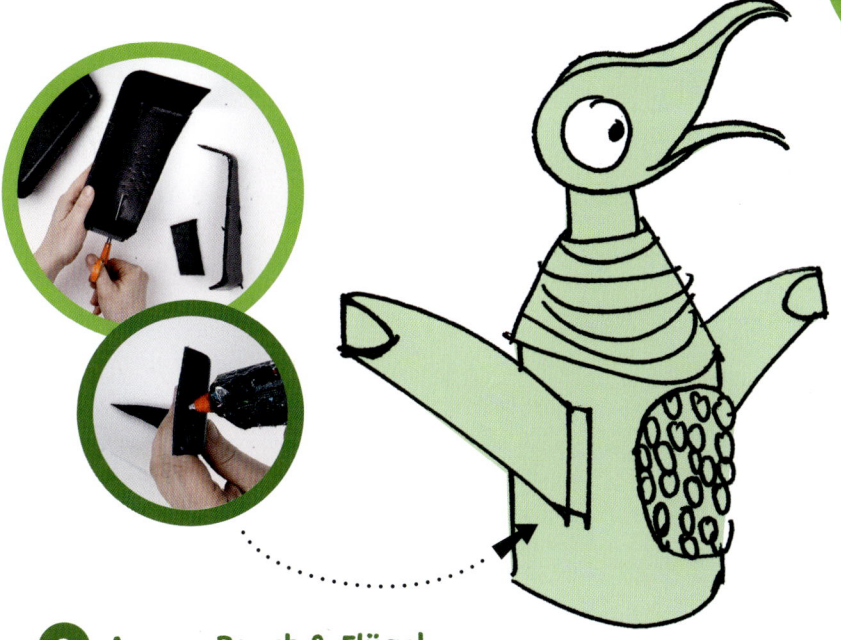

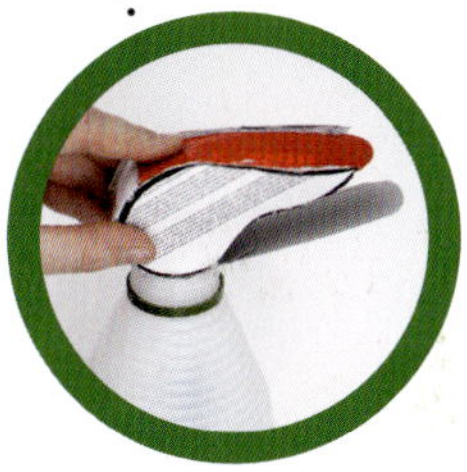

2 Augen, Bauch & Flügel

- Klebe je ein Deckel-Auge auf beide Seiten von Paulas Kopf. Klebe ein Stück Noppenfolie als Bauch auf den unteren Teil der Flasche.
- Aus der Plastikverpackung schneidest du zwei Flügel zurecht. Paula bekommt gebogene Flügelspitzen, indem du die hochgebogenen Verpackungsseiten nutzt. Wenn auch die breiten Flügelenden aus einem gebogenen Verpackungsstück bestehen, kannst du dieses als Kleberand nutzen. Streiche Kleber darauf und drücke die Flügel fest an Paulas Seiten an.
- Jetzt ist Paula fertig und du kannst sie anmalen.

Die Kühe vom Blauen Planeten

Während ihrer Arbeitszeit müssen die Kühe
still stehen und wiederkäuen. Wenn sie frei
haben, fahren sie deshalb am liebsten ganz
weit weg. Wenn sie entlang der Milchstraße
fliegen, brauchen sie nur fünf Minuten vom
Blauen Planeten bis zum Mars. Unterwegs
denken sie über Milch und die großen Fragen
des Lebens nach – und über alles, was
dazwischen liegt.

Anleitung auf der nächsten Seite

Karla Kuh findet das Universum riesengroß und spannend. Manchmal sogar ein bisschen zu groß und zu spannend. Dann freut sie sich darauf, nach Hause zu kommen und wiederzukäuen.

Karla Kuh

Du brauchst:

- Klebepistole
- Klebestäbchen
- Schere
- Kneifzange
- Acrylfarbe
- Pinsel

2 Kartons
(Körper & Kopf)

4 Kulis oder Filzstifte
(Beine)

1 Zahnseidebehälter
(Maul)

Pappe
(Ohren)

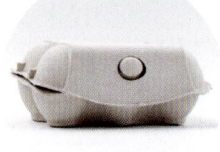

1 Eierkarton
(Augen)

1 gewölbter Deckel,
z. B. vom Shampoo
(Euter)

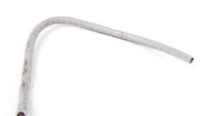

Kabel
(Schwanz & Euter)

1 Kopf, Körper & Schwanz

- Ritze für Karlas Schwanz den Plastik-mantel des Kabels auf einer Seite vorsichtig ein. Pass auf, dass du dabei nicht die kleinen Drähte im Inneren kaputt machst. Ziehe das Plastik ab, sodass man die Drähte sehen kann, und biege sie ein bisschen auseinander.
- Schneide ein Loch in den Körper-Karton, streiche Kleber auf die Innenseite des Lochs und stecke den Schwanz hinein.
- Klebe den Kopf-Karton und den Körper-Karton zusammen.
- Klebe vier Kulis oder Filzstifte als Beine an den Körper-Karton. Du klebst sie genauso an wie den Schwanz.

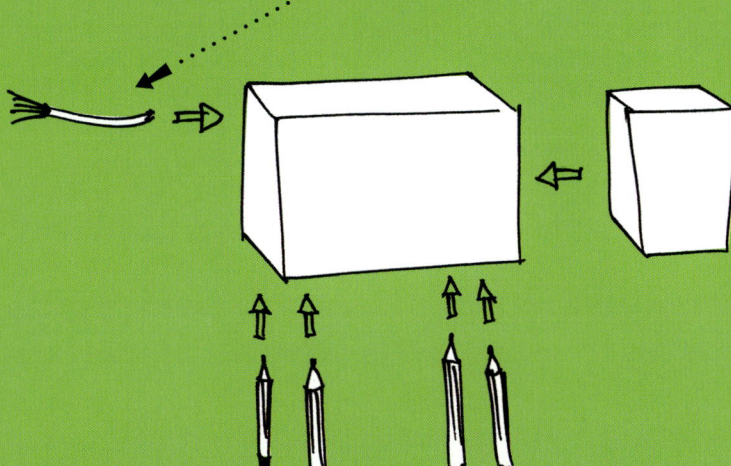

2 Gesicht & Euter

- Schneide zwei Trichterböden aus dem Eierkarton aus. Das sind Karlas Augen.
- Male Karlas Ohren auf die Pappe auf, schneide sie aus und klebe sie seitlich an den Kopf.
- Klebe den Zahnseidebehälter auf das Gesicht.
- Schneide für das Euter drei kleine Stücke Kabel ab. Klebe sie auf den Shampoo-Deckel und diesen unter Karlas Körper.
- Jetzt ist Karla beinahe fertig, du musst sie nur noch anmalen.

Kinder basteln Tiere

Diese Tiere wurden von Kindern gebaut. Nachdem die Tiere fertig waren, haben die Kinder für jedes Tier einen Ort gesucht, an dem es wohnen könnte. Wenn du dein Tier gebaut hast, kannst du auch rausgehen und das passende Zuhause für es finden.

Eicke Eichhorn hat sich auf einem sonnigen Plätzchen niedergelassen.

Radoslaw von Ratte hat eine prächtige Vorratskammer entdeckt.

Magnus, die Maus, hat ein gutes Versteck gefunden. Hoffentlich entdeckt ihn hier niemand!

Marie Marienkäfer wohnt am liebsten hoch oben. Von hier aus kann sie die ganze Kribbel-Krabbelwelt überblicken.

Sybille Schildkröte freut sich über ihren Garten.

Florian Fledermaus hat einen perfekten Schlafplatz gefunden.

Miniwelten erfinden

In diesem Kapitel kannst du alles Mögliche zwischen Himmel, Erde und dem Weltraum basteln – und toll damit spielen: Du kannst in einer Rakete zum Mond fliegen, eine schwebende Krake bauen, auf einer Zebra-giraffe reiten und vieles mehr. Und wenn du nicht gerade damit spielst, sehen die kleinen Welten in deinem Zimmer ziemlich toll aus!

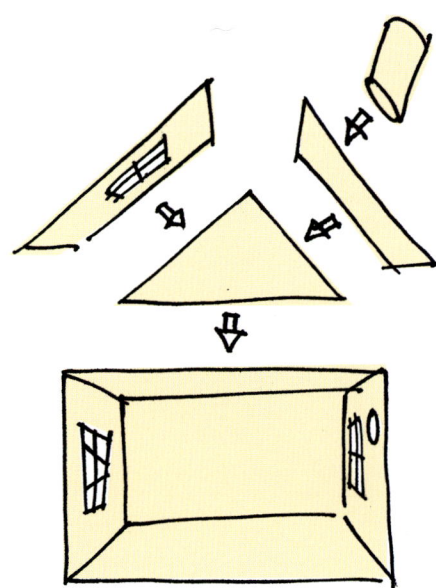

② Dachboden & Schornstein

- Zeichne ein Dreieck für die Dachboden-Rückwand auf ein Stück Karton. Die breiteste Seite des Dreiecks muss genauso breit sein wie dein Haus.
- Miss für das Dach die Tiefe des Hauses und die eine spitze Seite der Rückwand aus. Zeichne ein Rechteck mit diesen Maßen auf ein Stück Karton und schneide es aus. Die zweite Seite des Dachs machst du genauso, nur, dass du diesmal die andere spitze Seite der Rückwand als Maß nimmst.
- Benutze die drei Pappformen (Rückwand und zwei Dachseiten) als Schablonen für die Tapete, zeichne sie auf, schneide das Papier aus und klebe es auf. Schneide auch ein Stück Geschenkpapier für den Boden zu und klebe es auf. Schneide Löcher für die Fenster in die beiden Dachplatten.
- Als Nächstes klebst du die Rückwand an. Halte die Wand fest, bis der Kleber getrocknet ist. Klebe danach die beiden Dachplatten fest.
- Schneide die Klorolle schräg ab und klebe sie als Schornstein auf das Dach.
- Male die Außenseite des Hauses an und lass sie trocknen. Male Fensterrahmen auf und zeichne Dachziegel auf das Hausdach.

① Erdgeschoss

- Schneide die Vorderseite des Kartons ab.
- Miss die Rückwand, eine der Seitenwände und den Fußboden aus. Zeichne alle Maße als Tapeten auf das Geschenkpapier auf. Schneide die Tapeten aus. Klebe sie mit dem Klebestift an die Kartonwände.
- Zeichne die Fenster auf die Außenseite deines Hauses.
- Schneide die Fenster mit einem Cutter aus.

③ Schornstein, Blumenkästen & Gardinen

- Schneide die Milchtüte etwa 1,5 cm über dem Boden ab. Schneide zwei Stücke aus dem Boden aus, die ca. 1 cm breit sind. Wie genau sie aussehen sollen, siehst du auf dem Foto.
- Schneide zwei Stücke Styropor so aus, dass sie in die Milchtüten-Balkonkästen passen.
- Schneide Blumen aus dem Eierkarton aus.
- Male alles an.
- Aus den Büroklammern bastelst du Blumenstängel. Biege die Klammern dazu auseinander, schneide sie mit einer Kneifzange in verschieden lange Stücke und klebe die Blumen an ein Ende.
- Klebe das Styropor in die Blumenkästen und die Kästen unter die Fenster. Stecke die Blumen in die Styropor-Erde.
- Klebe zwei Stücke Geschenkpapier so zusammen, dass auf beiden Seiten das Muster zu sehen ist. Benutze dazu den Klebestift. Schneide das Papier zu Gardinen zurecht. Klebe die Gardinen an die Fenster.

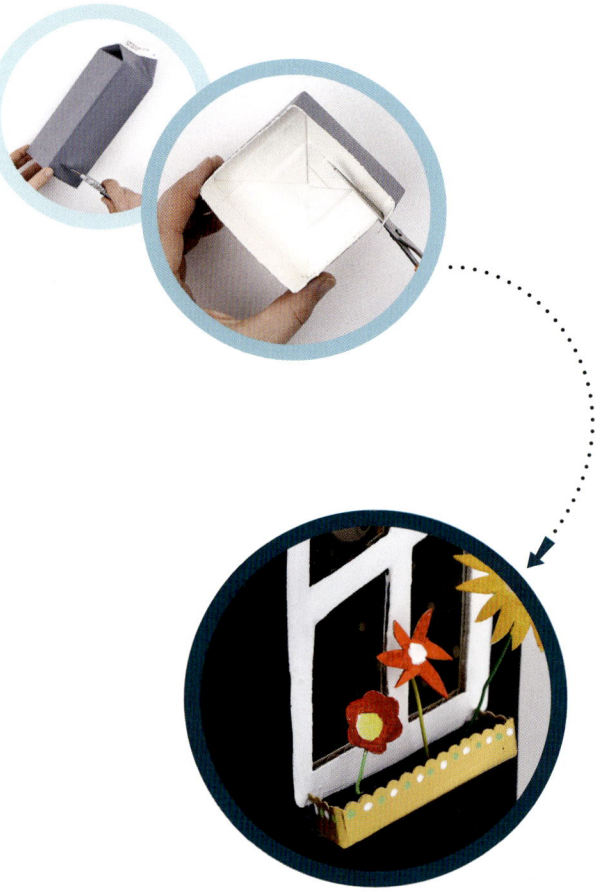

Villa Pappe-lapapp

Anna, Axel und Zulu sind die besten Freunde. Heute hat Anna Geburtstag. Alles steht bereit und das Haus duftet nach frisch gebackenem Kuchen und Spaghetti mit Tomatensoße. Bald schon trudeln die Geburtstagsgäste ein …

Du brauchst:

- Klebepistole
- Klebestäbchen
- Klebestift
- Schere
- Kneifzange
- Cutter
- Cutterunterlage
- Lineal
- Acrylfarbe
- Pinsel
- Filzstifte

2 Kartons
(Haus & Dach)

Geschenkpapier
(Tapete & Boden)

1 Klorolle
(Schornstein)

1 Milchtüte
(Blumenkästen)

1 Eierkarton
(Blumen)

Styropor
(Erde)

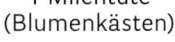

Büroklammern
(Blumenstängel)

Anleitungen
auf den nächsten Seiten

Villa Pappelapapp

Möbel für die Villa

Du brauchst:

- Nadel & Faden
- Klebepistole
- Klebestäbchen
- Schere
- Kneifzange
- Lineal
- Acrylfarbe
- Pinsel
- Filzstifte

1 Milchtüte
(Herd & Kleinteile)

1 Klorolle
(Töpfe & Pfanne)

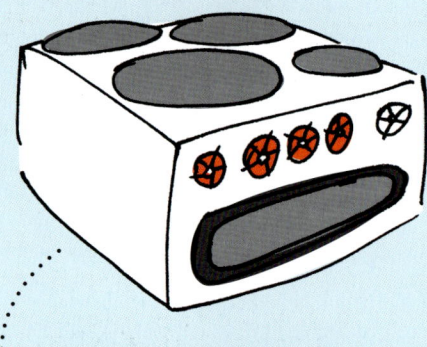

Herd & Töpfe

- Schneide die Milchtüte etwa 3 cm über dem Boden ab. Drehe sie mit der offenen Seite nach unten und male sie wie einen Herd an.
- Aus der restlichen Milchtüten-Pappe schneidest du vier Kochplatten, eine Ofenscheibe und Herdknöpfe aus und malst sie an. Lass alles trocknen.
- Male Details mit einem Filzstift auf die Teile, z. B. auf die Herdknöpfe, und klebe dann alle Teile auf den Herd.
- Schneide die Klorolle der Länge nach auf. Schneide etwa 2 cm von der Längsseite der Rolle ab, aus dem Rest schneidest du zwei breitere und einen schmaleren Streifen. Das werden zwei Töpfe und eine Pfanne. Klebe die Streifen dazu wieder rund zusammen. Stelle die Topfrollen und die Pfannenrolle auf ein Stück der Milchtüte und benutze sie als Schablonen, um drei Kreise aufzuzeichnen. Schneide die Kreise aus und klebe sie als Böden unter die Töpfe und die Pfanne. Schneide kleine Griffe aus und klebe sie an die Topf- und Pfannenseiten. Du kannst auch einen Kochlöffel ausschneiden.
- Male alles an.

1 Milchtüte
(Bett)

4 Perlen
(Beine)

1 Socke
(Bettdecke)

Bett

- Schneide die Milchtüte längs in zwei Hälften. Schneide eine dieser Hälften ca. 15 cm über dem Boden ab. Die Milchtüte sieht jetzt schon beinahe wie ein Bett aus – nur das Fußende fehlt noch. Dafür schneidest du eine Klappe mit zwei Kleberändern in das eine Ende, so, wie du es auf der Zeichnung siehst. Tropfe Kleber auf die Kleberänder, klappe das Fußende hoch und klebe es fest.
- Male das Bett an und lass es trocknen.
- Klebe vier Perlen als Beine unter das Bett.
- Zum Schluss kannst du die alte Socke als Bettdecke in das Bett legen.

1 Filzstiftdeckel
(Ständer)

1 Zahnpastatube
(Lampenschirm)

Pappe
(Ständer)

3 Streichholzschachteln
(Schubladen)

3 Perlen
(Griffe)

Kommode

- Klebe die Streichholzschachteln aufeinander.
- Nimm die Schubladen heraus und male alles an: die Außenseiten der Schachteln und die Vorderseiten der Schubladen. Lass die Farbe trocknen.
- Klebe eine Perle als Griff an jede Schublade und schiebe die Schubladen wieder in die Kommode.

Tischlampe

- Schneide die Tülle der Zahnpastatube ab und wasche sie gründlich aus.
- Schneide den Filzstiftdeckel so ab, dass seine Länge zur Lampengröße passt. Schneide einen Kreis als Lampenfuß aus der Pappe aus.
- Klebe alle drei Teile zusammen: den Filzstiftdeckel auf den Papp-Fuß und die Zahnpastatülle als Lampenschirm auf den Deckel.
- Male die Lampe an.

Villa Pappelapapp

Du brauchst:

- Nadel & Faden
- Klebepistole
- Klebestäbchen
- Schere
- Kneifzange
- Lineal
- Acrylfarbe
- Pinsel
- Filzstifte

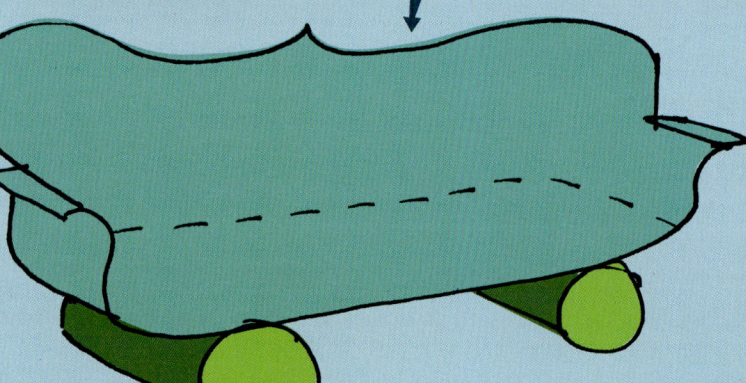

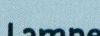

2 Korken
(Füße)

1 kleiner Eierkarton
(Sitzfläche & Lehnen)

1 Plastikbecher
(Lampenschirm)

1 Perle
(Glühbirne)

Lampe

- Schneide den Becher etwa 4 cm über dem Boden ab und schneide die Schnittkante bogenförmig zurecht.
- Fädle einen Faden auf eine Nadel und mach einen Knoten in den Faden.
  Zieh den Faden durch den Lampenschirm, der Knoten soll oben, also auf der Becherunterseite, sitzen. Klebe den Knoten fest und fädle eine Perle als Glühbirne auf der Innenseite des Lampenschirms ein.
- Stich die Nadel wieder oben in den Lampenschirm ein und verknote den Faden.
- Tropfe zuletzt ein bisschen Kleber auf die Oberseite des Lampenschirms und klebe die Lampe in Axels und Annas Wohnzimmer an die Decke.

Sofa

- Schneide den Deckel des Eierkartons ab und schneide ihn dann der Länge nach durch. Drehe das Kartonstück auf den Kopf – jetzt kannst du schon die Sitzfläche und die Arm- und Rückenlehnen erkennen. Schneide die Rückenlehne bogenförmig so zu, wie es dir am besten gefällt.
- Klebe die beiden Korken als Füße unter die Sitzfläche und male das Sofa an.

1 Plastikdeckel
zum Zuklappen
(Sitz & Rücken)

1 Strohhalm
(Beine)

Papier
(Stuhlkissen)

Stuhl

- Schneide die beiden Teile des Deckels mit einer Kneifzange auseinander. Drehe den unteren Deckelteil so, dass die offene Seite nach unten zeigt – das wird die Sitzfläche. Klebe den oberen Deckelteil so auf die Sitzfläche, wie du es auf dem Foto siehst.
- Schneide die kleine Tülle auf der Sitzfläche des Stuhls ab. Schneide ein Stück Papier zurecht, male ein Muster darauf und klebe es auf die Sitzfläche.
- Schneide vier gleich lange Strohhalmstücke ab und klebe sie als Beine unter den Stuhl.

1 Schaschlikspieß
aus Holz
(Befestigung)

Pappe
(Befestigung & Hi-Hat)

2 große &
1 kleiner Deckel
(Bassdrum & Tom Tom)

Schlagzeug

- Klebe die beiden großen Deckel als Bassdrum zusammen. Schneide einen kleinen Kreis aus der Pappe aus und klebe die Bassdrum darauf. Wenn du möchtest, kannst du einen zweiten Kreis ausschneiden, bemalen und auf die Bassdrum kleben.
- Schneide den Schaschlikspieß mit einer Kneifzange in zwei Stücke von jeweils ca. 4 cm Länge. Klebe das Ende des einen Schaschlikspießstücks mittig auf die Rückseite des kleinen Deckels. Das wird das Tom Tom.
- Schneide einen kleinen Kreis aus der Pappe aus. Das wird die Hi-Hat. Male sie an und lass sie trocknen. Bohre dann mit dem spitzen Ende des zweiten Grillspießstücks ein Loch in die Hi-Hat-Pappe.
- Klebe beide Grillspießstücke mit den Trommelteilen daran auf die Rückseite der Bassdrum.

Du brauchst:

- Klebepistole
- Klebestäbchen
- Schere
- Kneifzange
- Acrylfarbe
- Pinsel
- Filzstifte

1–2 Strohhalme
(Kerzen)

Pappe
(Tortenböden)

Papier
(Tortenfüllung &
Kerzenflammen)

Geburtstagstorte

- Schneide vier gleich große Kreise aus der Pappe aus.
- Schneide einen etwas größeren Kreis aus dem Papier aus. Schneide den Kreisrand bogenförmig ein, sodass er wie Schlagsahne aussieht. Male das Papier an und klebe den Papierkreis auf einen der Pappkreise.
- Schneide drei gleich breite Papierstreifen aus. Male die Streifen wie die Füllung einer Sahnetorte an. Klebe jeden Streifen zu einem Kreis zusammen. Achte darauf, dass die Papierstreifen dieselbe Größe haben wie der Umfang die Pappkreise. Streiche Kleber auf die Kreiskanten und klebe sie abwechselnd mit den Pappkreis-Tortenböden zusammen. Der Pappkreis, auf den du das bemalte Papier geklebt hast, ist der oberste.
- Schneide kleine Stücke von den Strohhalmen ab und klebe sie als Kerzen auf die Torte. Schneide kleine Flammen aus Papier aus, male sie mit Filzstift an und klebe sie auf die Strohhalmkerzen.

1 Metalldeckel
(Tischplatte)

4 Filzstiftdeckel
(Beine)

Tisch

- Kürze die Filzstiftdeckel mit einer Kneifzange auf eine Länge und klebe sie unter den Deckel.
- Schneide eine Tischdecke aus dem Papier aus, male ein schönes Muster darauf und klebe die Decke auf die Deckel-Tischfläche.

Anna feiert Geburtstag

„Herzlichen Glückwunsch zum Geburtstag!",
sagt Axel.

Hier köchelt das Essen für die Geburtstagsgäste.

Mmh ... danke für das leckere Abendessen.
Jetzt freuen wir uns auf den Geburtstagskuchen!

Schlurp! Spaghetti mit Tomatensoße –
Zulus Leibspeise!

Feiern – juchuuuu!

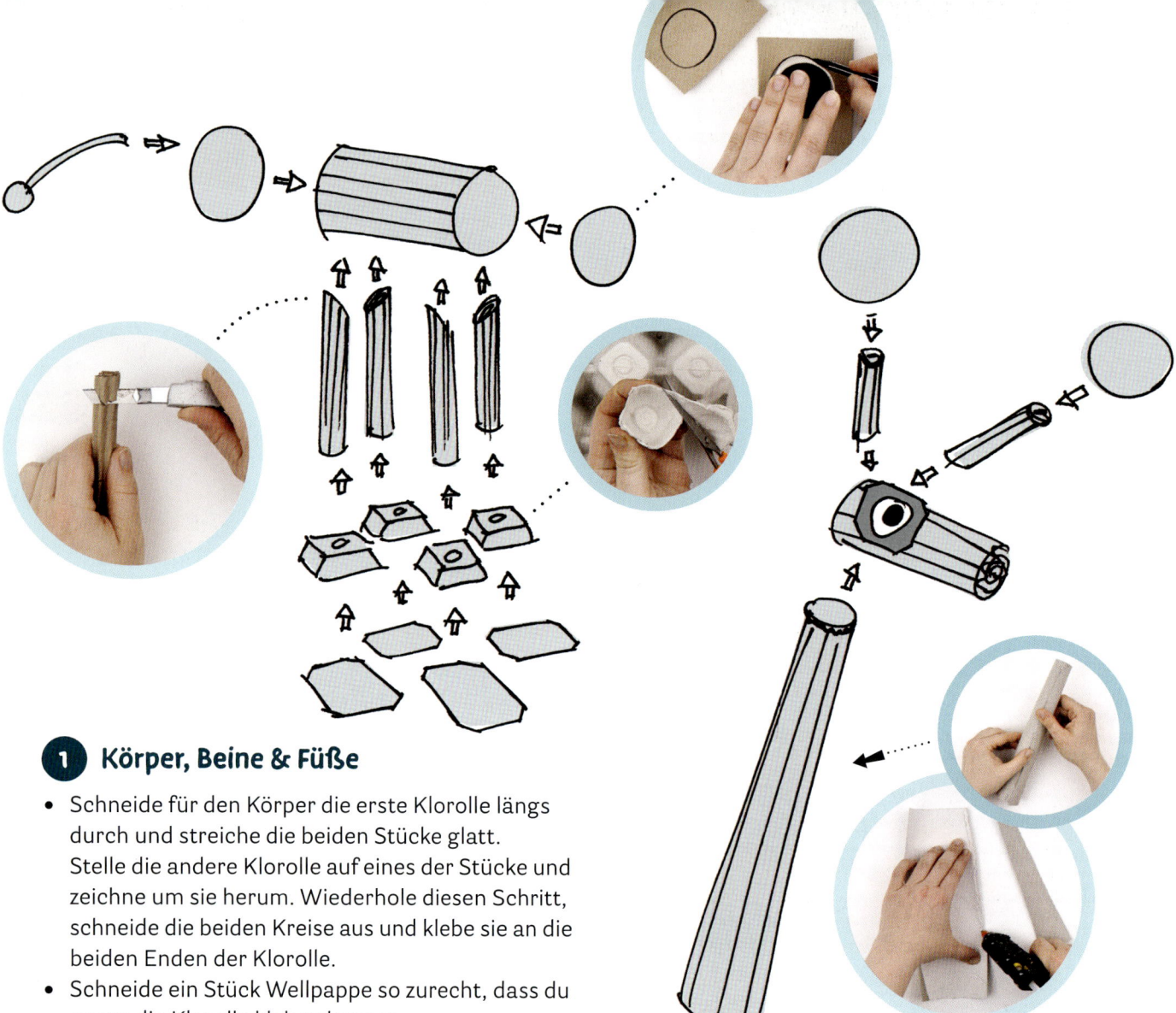

① Körper, Beine & Füße

- Schneide für den Körper die erste Klorolle längs durch und streiche die beiden Stücke glatt. Stelle die andere Klorolle auf eines der Stücke und zeichne um sie herum. Wiederhole diesen Schritt, schneide die beiden Kreise aus und klebe sie an die beiden Enden der Klorolle.
- Schneide ein Stück Wellpappe so zurecht, dass du es um die Klorolle kleben kannst.
- Schneide dann vier gleich große Stücke Wellpappe von ca. 10 cm x 13 cm aus. Rolle die Wellpappen-stücke jeweils von der Längsseite her auf und klebe sie zusammen. Das werden Zulus Beine.
- Schneide jedes Wellpappe-Bein mit einem Cutter an einer Seite schräg ab und klebe dann die Beine mit der schrägen Seite nach oben unter den Körper.
- Schneide vier Becher aus dem Eierkarton aus und verkürze sie so weit, wie du es auf dem Foto siehst. Das sind Zulus Hufe. Klebe sie mit der geschlossenen Seite nach oben unter die Beine. Damit Zulu sicher steht, kannst du vier etwas größere Rechtecke aus dem Eierkartondeckel ausschneiden und sie unter die Hufe kleben.
- Kürze das Kabelstück mit einer Kneifzange auf die richtige Länge für Zulus Schwanz. An ein Ende des Kabels klebst du eine Perle als Schwanzende. Mach auf einer Seite des Klorollen-Körpers ein Loch in die Pappscheibe, gib einen Klecks Kleber darauf und stecke den Schwanz durch das Loch.

② Hals & Kopf

- Den Küchenrollen-Hals bastelst du wie Alma Engels Körper (s. S. 126/127). Schneide ein Stück Wellpappe zu und klebe es um den Hals.
- Schneide ein Stück Wellpappe von etwa 7 cm x 22 cm aus. Rolle die Wellpappe zu Zulus Kopf zusammen, klebe sie fest und setze sie dann auf das Loch am oberen Ende des Halses.
- Schneide zwei Wellpappenstücke für die Hörner von etwa 3,5 cm x 4,5 cm aus. Rolle sie entlang der Längsseite zusammen, klebe sie fest und klebe sie dann auf den Kopf.
- Klebe die zwei Deorollerkugeln auf die Hörnerspitzen.
- Schneide die beiden übrig gebliebenen Becher aus dem Eierkarton und schneide die Böden aus. Klebe sie mit der offenen Seite nach oben als Augen an Zulus Kopf.
- Male Zulu an, lass ihn trocknen – und dann ist er fertig!

Zulu, die Zebra-giraffe

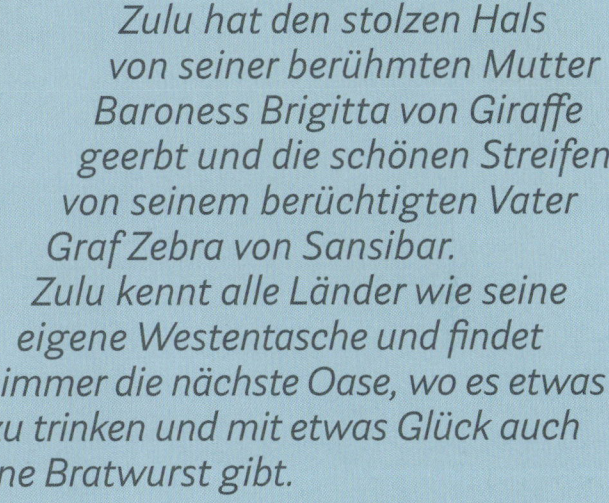

Zulu hat den stolzen Hals von seiner berühmten Mutter Baroness Brigitta von Giraffe geerbt und die schönen Streifen von seinem berüchtigten Vater Graf Zebra von Sansibar.
Zulu kennt alle Länder wie seine eigene Westentasche und findet immer die nächste Oase, wo es etwas zu trinken und mit etwas Glück auch eine Bratwurst gibt.

Du brauchst:

- Klebepistole
- Klebestäbchen
- Schere
- Cutter
- Cutterunterlage
- Kneifzange
- Lineal
- Acrylfarbe
- Pinsel

1 Perle
(Schwanz)

Wellpappe
(Beine, Kopf, Hörner & Fell)

2 Klorollen
(Körper)

1 Küchenrolle
(Hals)

1 Eierkarton
(Füße & Augen)

1 Stück Kabel
(Schwanz)

2 Bälle aus Deorollern
(Hörner)

Über-Unterwasser-Mobile

Sobald die Unterwasserbewohner ausnahmsweise ihre Köpfe aus dem Wasser stecken, versprüht Kraka jede Menge Tinte. Zisch, flatsch, nach allen Seiten. So schnell wie möglich tauchen Karton-Kurt, Kai, der Hai, und Erna Sterna wieder ab und verschwinden.

Anleitung
auf den nächsten Seiten

Karton-Kurt

Du brauchst:

- Angelschnur/Faden
- Nadel
- Klebepistole
- Klebestäbchen
- Schere
- Kneifzange
- Ahle
- Lineal
- Acrylfarbe
- Pinsel
- Filzstift

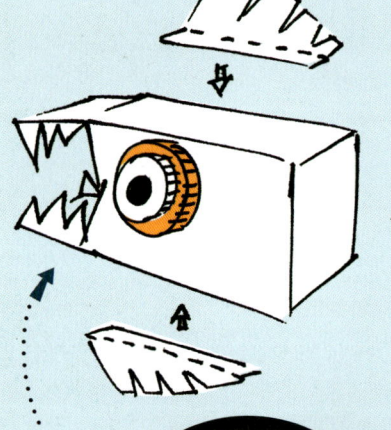

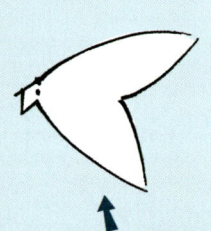

1 Halblitermilchtüte (Körper)

1 Milchtüte (Flossen & Schwanz)

4 Plastikdeckel (Augen)

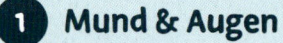

1 Mund & Augen

- Falte die Öffnung der Halblitermilchtüte ganz auseinander.
- Schneide den Plastikverschluss der Milchtüte aus. Versuche dabei, so wenig Pappe wie möglich wegzuschneiden.
- Schneide die Tüte auch auf der gegenüberliegenden Seite ein und schneide beide Seiten zackenförmig ein. Das werden Kais Zähne.
- Klebe für die Augen je zwei Deckel aufeinander und klebe sie rechts und links nah an Kurts Maul. Schneide zwei kleine, runde Punkte aus den Milchtütenresten aus, male sie schwarz an und klebe sie als Pupillen auf die Augen.

2 Flossen

- Schneide die zweite, größere Milchtüte so auseinander, dass du zwei zusammenhängende längliche Seiten erhältst, wie du es auf der Zeichnung siehst.
- Zeichne drei Flossen (zwei Rücken- und eine Schwanzflosse) auf eine der beiden Milchtütenseiten. Das Ende der Flossen soll dabei jeweils über den Knick laufen, an dem die beiden Milchtütenseiten verbunden sind. So bekommst du nämlich eine Klebefläche für jede Flosse auf der zweiten Kartonseite. Schneide die Flossen aus.
- Klebe die Schwanzflosse mittig hinten auf den Milchtüten-Körper. Klebe eine Rückenflosse oben auf Kurts Körper und eine unten.
- Male Karton-Kurt an.
- Stich mit der Nadel ein Loch in die Rückenflosse und fädele die Angelschnur hindurch – so kannst du Kurt später schwebschwimmend am Mobile befestigen.

Kai, der Hai

1 Küchenrolle
(Körper)

1 Milchtüte
(Flossen & Schwanz)

1 Plastikdeckel
(Augen)

1 Mund & Augen

- Schneide die Küchenrolle an einem Ende ca. 4 cm ein. Mach einen zweiten Einschnitt dem ersten genau gegenüber – das wird Kais Maul. Schneide entlang den beiden Einschnitten viele spitze Zähne in die Pappe.
- Schneide den Deckel mithilfe der Kneifzange in der Mitte durch und klebe die Deckel-Augen auf beiden Seiten nah an das Haimaul. Schneide zwei kleine Punkte aus der Milchtüte aus, male sie schwarz an und klebe sie als Pupillen auf die Augen.

2 Flossen & Aufhängung

- Schneide eine Rückenflosse und zwei Seitenflossen aus der Milchtüte aus. Die Anleitung findest du auf der gegenüberliegenden Seite. Klebe die Flossen so an Kai, wie du es auf der Zeichnung siehst.
- Jetzt bastelst du die Schwanzflosse: Zeichne sie auf ein Stück Milchtütenpappe auf und schneide sie aus. Mache einen Einschnitt von ca. 2 cm in der Mitte der Flosse auf der Seite, an die du sie an Kais Körper kleben willst. Klebe das hintere Küchenrollen-Körperende flach zusammen und schiebe die Schwanzflosse mit dem Einschnitt mittig darauf. Streiche Kleber auf beide Seiten und halte die Flosse einen Moment fest, bis sie fest sitzt. Male Kai an, stich ein Loch in seine Rückenflosse und fädele eine Schnur hindurch.

Erna Sterna

- Erna Sterna bastelst du wie die Herzen auf S. 124. Anstelle der Wellpappe nimmst du dabei Noppenfolie. Male Erna an.
- Zum Schluss klebst du je zwei Deckel als Augen auf beide Seiten des Seesterns – auf zwei von Ernas Armen. Schneide zwei kleine Kreise aus einem Papprest aus, male sie schwarz an und klebe sie als Pupillen auf die Augen.
- Bohre ein Loch in einen von Ernas Armen (am besten nimmst du denjenigen zwischen ihren Augen) und zieh die Angelschnur hindurch.

Pappe
(Körper & Pupillen)

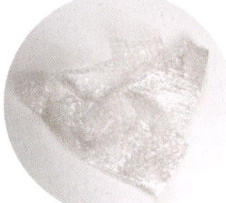

Noppenfolie
(Körper)

4 Plastikdeckel
(Augen)

Kraka, die Krake

1 Aufhängung

- Bohre ein Loch in den Boden der Waschmittelkugel.
- Schneide ein etwa 2 cm langes Stück vom Kabel ab.
- Schneide ein Stück Angelschnur in ca. 40 cm Länge ab und binde das Kabelstück daran fest.
- Stecke die Angelschnur mit dem Kabel daran in die Waschmittelkugel und ziehe sie durch das kleine Loch wieder heraus. Das Kabelstück sorgt dafür, dass die Schnur fest sitzt.
- Fixiere die Schnur mit einem Stück Tesafilm außen an der Waschmittelkugel – so kannst du in Ruhe basteln, ohne dass die Schnur ganz in die Kugel rutscht.

Du brauchst:

- Angelschnur/Faden
- Nadel
- Klebepistole
- Klebestäbchen
- Schere
- Kneifzange
- Ahle
- Acrylfarbe
- Pinsel
- Bleistift
- Tesafilm

2 Körper, Tentakel & Augen

- Stelle die Öffnung der Waschmittelkugel auf ein Stück Pappe und zeichne sie ab. Schneide den Kreis aus und klebe ihn unter die Öffnung.
- Schneide sechs etwa 15 cm lange Stücke vom Kabel ab.
- Bohre sechs Löcher für die Arme in die Pappscheibe, die du unter den Waschmittelkugel-Körper geklebt hast. Vergrößere die Löcher mit einem Bleistift. Tropfe Kleber rund um das erste Loch, stecke das erste Kabelstück hinein und lasse den Kleber trocknen. Klebe die anderen Kabelstücke ebenso fest.
- Biege die Kabelstücke so zurecht, dass sie in verschiedene Richtungen zeigen und wie die Arme eines Tintenfischs aussehen.
- Verziere die Arme mit Perlen.
- Für die Augen klebst du jeweils einen kleineren auf einen größeren Deckel. Klebe die fertigen Augen auf den Waschmittelkugel-Körper deiner Krake. Schneide zwei kleine Kreise aus der Pappe aus, male sie schwarz an und klebe sie als Pupillen auf die Augen. Löse den Tesafilm, mit dem du die Angelschnur fixiert hast, ab.
- Male Kraka an. Auf geht's zum Tiefseeabenteuer!

1 Waschmittel-Dosierkugel (Körper)

Pappe (Körper)

4 Plastikdeckel (Augen)

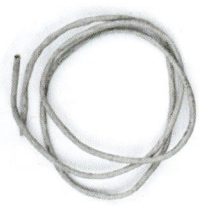

1 Meter Kabel (Arme)

Perlen (Tentakel)

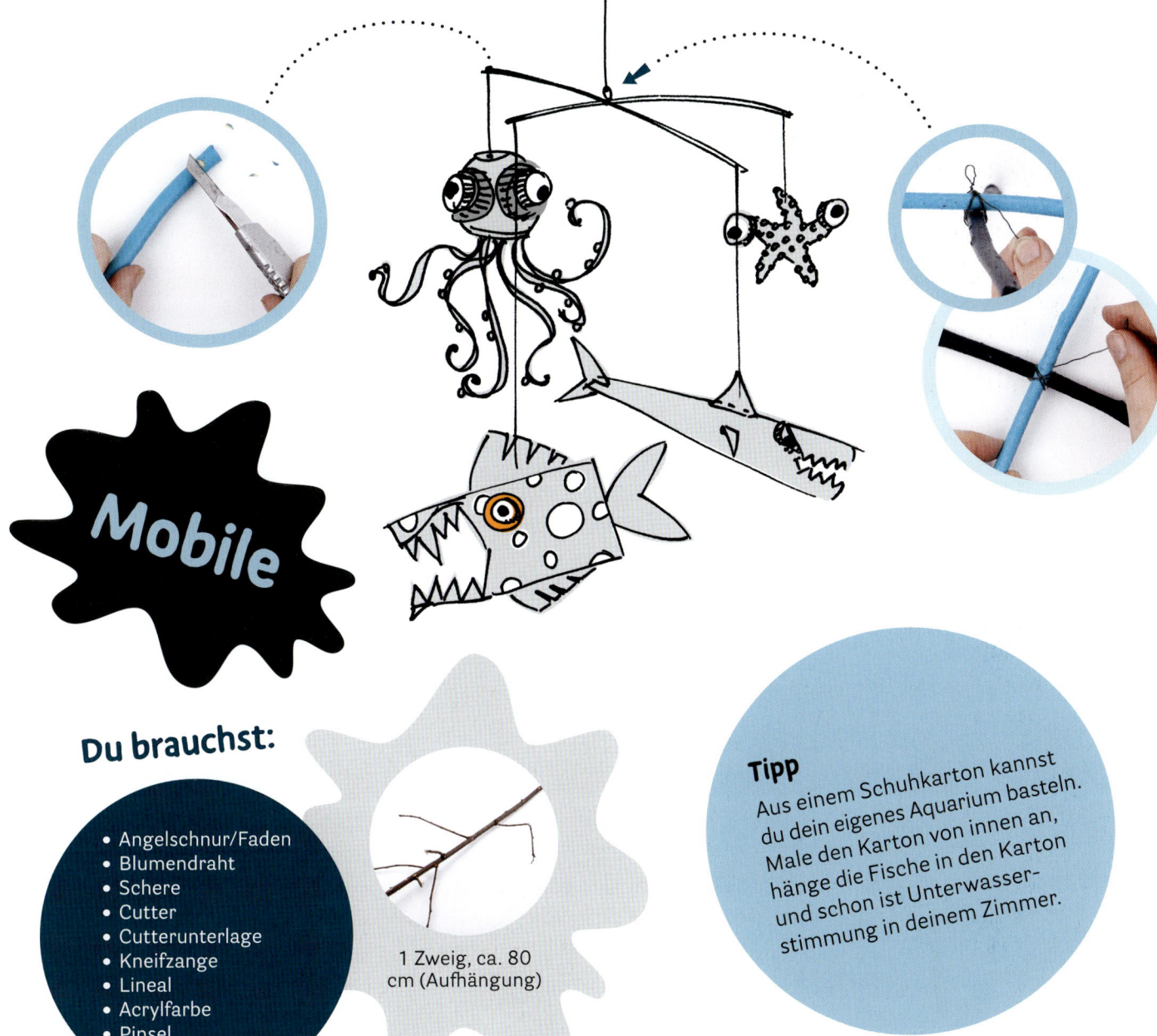

Mobile

Du brauchst:

- Angelschnur/Faden
- Blumendraht
- Schere
- Cutter
- Cutterunterlage
- Kneifzange
- Lineal
- Acrylfarbe
- Pinsel

1 Zweig, ca. 80 cm (Aufhängung)

Tipp

Aus einem Schuhkarton kannst du dein eigenes Aquarium basteln. Male den Karton von innen an, hänge die Fische in den Karton und schon ist Unterwasserstimmung in deinem Zimmer.

① Aufhängung

- Schneide den Zweig in zwei gleich große Stücke von je etwa 40 cm. Entferne kleinere Zweige mit der Kneifzange.
- Male die beiden Zweigstücke an.
- Lege die Stücke kreuzförmig übereinander. Umwickle die Stelle, an der sie sich kreuzen, einige Male mit Blumendraht. Wickle den Draht nicht zu fest, sodass du das Kreuz noch ausbalancieren kannst, nachdem du die Figuren an das Mobile gehängt hast. Forme zum Schluss eine kleine Schlinge aus dem Draht, die oben auf dem Kreuz liegt. Schiebe das Drahtende so unter den umwickelten Draht, dass es nicht mehr zu sehen ist.
- Kerbe die Enden des Astkreuzes mit dem Cutter ein.

② Figuren

- Wickle die Angelschnur der Figuren um die kleinen Kerben an den Astspitzen. Binde die Figuren so daran fest, dass sie in verschiedenen Höhen hängen.
- Die Krake wiegt mehr als die Fische. Klebe deshalb eine Schraubenmutter oder etwas anderes Schweres unter den Fisch, der ihr gegenüberhängt, um das Gewicht auszugleichen.
- Halte das Mobile an der Drahtschlinge fest, um herauszufinden, ob es gerade hängt. Falls es schief hängt, verschiebe das Astkreuz, bis alles ausgeglichen ist.
- Ziehe ein Stück Angelschnur durch die Drahtschlinge, hänge das Mobile auf und schon ist für Unterwasserstimmung gesorgt.

Willkommen in Müllhausen!

Die Bewohner Müllhausens lieben es, auf Reisen zu gehen und die Welt zu entdecken, aber sie sind auch gerne zu Hause und machen es sich gemütlich. Auf den nächsten Seiten kannst du einige von ihnen näher kennenlernen.

Tipp
Zeichne die Straßen, das Meer und den Park deiner Stadt auf ein großes Pappstück. Du kannst dafür z. B. einen alten Umzugskarton nehmen. Darauf kannst du mit all den Dingen, die du für deine Stadt gebaut hast, spielen.

Anleitungen auf den nächsten Seiten

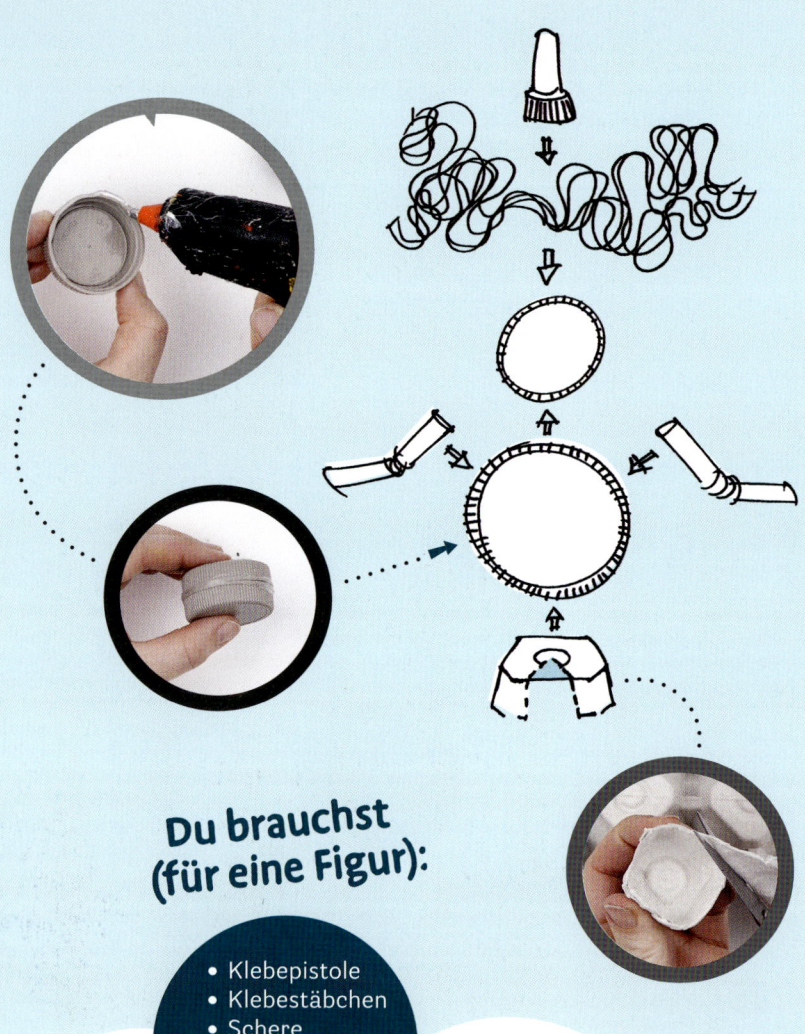

1 Kopf & Körper

- Klebe die beiden großen Deckel als Körper zusammen und die beiden kleineren als Kopf. Streiche den Kleber dabei auf den Deckelrand und drücke die Deckel gut zusammen.
- Klebe den Kopf auf den Körper.

2 Füße & Arme

- Schneide einen der Eierbecherboden aus dem Eierkarton aus. Schneide auf einer Seite eine kleine Aussparung hinein, wie du es auf der Zeichnung siehst. Klebe den Becher als Füße unter deine Figur.
- Schneide ein Stück von jedem Strohhalm ab. Wenn du die Strohhalme auf beiden Seiten jeweils ca. 1 cm vor und hinter dem Gelenk abschneidest, bekommt dein Müllmensch einen Ellenbogen. Klebe die Strohhalmstücke rechts und links als Arme an den Körper.
- Male die Figur an.

Du brauchst (für eine Figur):

- Klebepistole
- Klebestäbchen
- Schere
- Acrylfarbe
- Pinsel
- Filzstifte

3 Haare, Hut & Gesicht

- Schneide aus dem Geschenkband oder aus dem Obst- oder Gemüsenetz Haare für deine Figur zurecht. Das Netz kannst du z. B. so abschneiden, dass die Metallklammern wie Zopfgummis aussehen. Aus verschiedenen Deckeln oder anderem Kleinkram kannst du Hüte basteln.
- Klebe die Haare und/oder den Hut auf den Kopf deiner Figur.
- Für die Augen schneidest du die kleinen Punkte aus den Eierkarton-Becherböden aus, malst sie schwarz an und klebst sie auf das Gesicht. Nase und Mund kannst du mit einem Filzstift aufzeichnen.

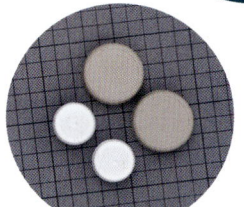

4 Plastikdeckel, davon je 2 gleich große (Kopf & Körper)

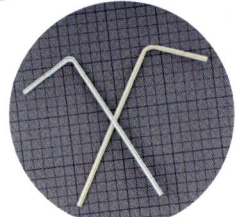

2 Strohhalme (Arme)

1 Eierkarton (Augen & Füße)

Verschiedene Deckel & Kleinkram (Hüte)

Geschenkband (Haare)

Obst- oder Gemüsenetz (Haare)

Gunilla Grünbaum
& ihre Freunde

Tipp

Hebe alle Geschenk-
bänder von deinem
Geburtstag auf. Daraus
kannst du tolle Haare
und Schals basteln.

Die Bewohner Müllhausens sind sehr
unterschiedlich mit ihren bunten
Farben, ihren Haaren und Hüten.
Und doch haben sie eines gemeinsam:
Sie sind blitzschnell aus denselben
Grundmaterialien gebaut.

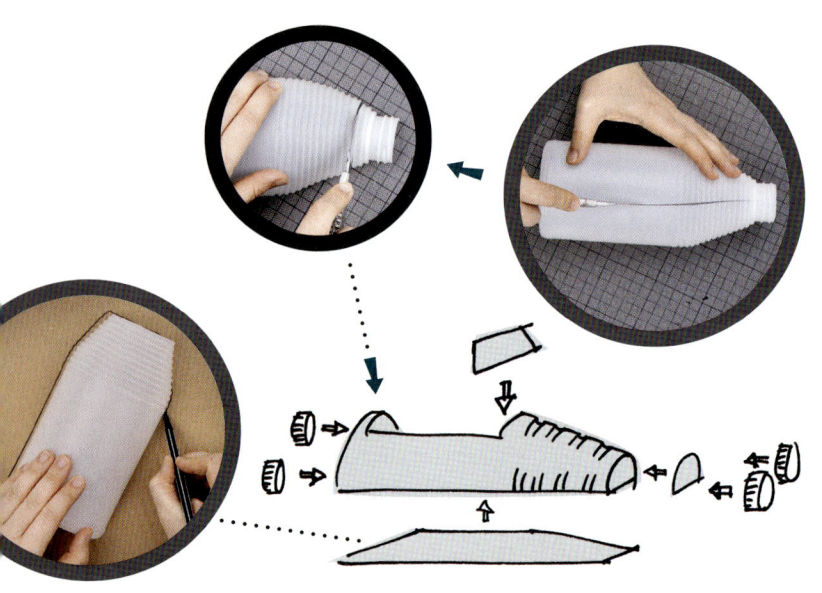

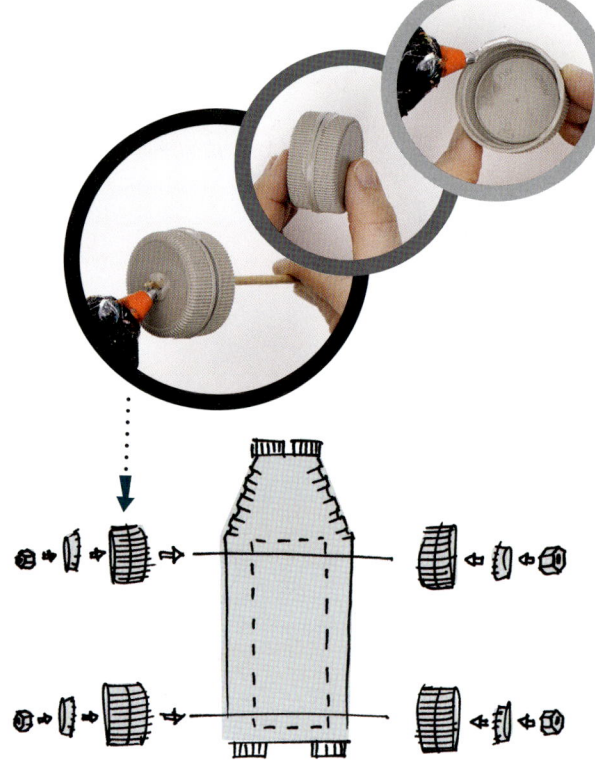

1 Auto und Scheinwerfer

- Schneide die Flasche mit einem Cutter längs durch. Schneide die Flaschenöffnung ab.
- Zeichne die Umrisse der halben Flasche auf ein Stück Pappe des Kartons und schneide die Form aus. Klebe die Pappe als Boden unter die offene Flaschenseite. Schneide außerdem ein Stück Pappe für die Flaschenöffnung zurecht.
- Schneide ein Loch in die Flaschenoberseite.
- Schneide eine kleine Windschutzscheibe aus der Pappe aus und klebe sie ganz vorn in das ausgeschnittene Loch.
- Klebe Front- und Rückscheinwerfer aus hellen Plastikdeckeln an das Auto.
- Male das Auto an und lass es trocknen.

3 Lenkrad und Sitze

- Mach mit der Ahle ein Loch in den letzten Kronkorken. Schneide den letzten Schaschlikspieß auf etwa 8 cm zurecht und stecke ihn durch den Kronkorken, sodass der Spieß nur ein kleines Stück vorsteht. Tropfe Kleber auf den Spieß und den Kronkorken und klebe den Kronkorken auf den Spieß. Mach ein kleines Loch in die Windschutzscheibe und stecke die Lenkradbefestigung schräg hindurch.
- Schneide Sitze aus Pappe aus. Unter den Rücksitz klebst du kleine Pappröllchen, sodass er höher als die hintere Achse wird. Male die Sitze an, lass sie trocknen und klebe sie in dein Auto.
- Schneide ein kleines Nummernschild aus Pappe aus. Schreibe oder male eine Nummer darauf und klebe das Schild hinten auf dein Auto.

2 Reifen

- Klebe jeweils zwei der acht Plastikdeckel zusammen. So bekommst du vier Reifen. Bohre auf beiden Seiten je ein Loch in die Mitte des Reifens. Stecke einen Schaschlikspieß durch und tropfe Kleber darauf. Halte den Spieß senkrecht, bis der Kleber getrocknet ist. Der Spieß soll den Deckel-Reifen um etwa 2 mm überragen. Dasselbe machst du mit einem anderen Reifen.
- Bohre für jeden Reifen ein Loch in die Autoseiten.
- Stecke einen der Schaschlikspieße durch die beiden hinteren Löcher. Setze von der anderen Seite einen weiteren Deckel-Reifen darauf. Achte dabei darauf, dass zwischen jedem Reifen und der Autoseite mindestens 2 mm Platz bleibt. Schneide den Spieß so ab, dass er ca. 2 mm übersteht. Tropfe etwas Kleber auf die Durchstichstelle. Die Vorderräder bringst du genauso an.
- Klebe auf jedes Rad erst einen Kronkorken und dann eine Schraubenmutter. Das sind die Felgen. Male die Reifen an.

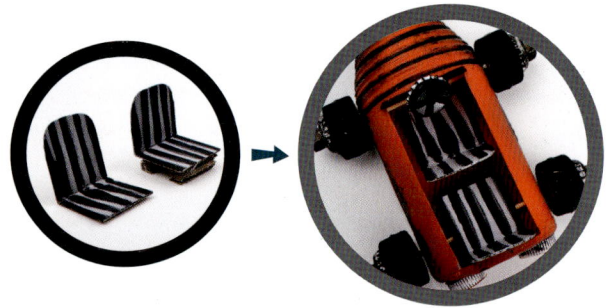

Rasmus, das Rennauto

Birthe Bianca und Tim Tiptop fahren jedes Wochenende mit ihrem Rennauto Rasmus in die Berge. „Jetzt geht's los!", ruft Rennauto Rasmus und – wusch – schon sind sie auf dem Weg. Rauf und runter, wie auf einer Achterbahn!

Du brauchst:

- Klebepistole
- Klebestäbchen
- Schere
- Cutter
- Cutterunterlage
- Ahle
- Lineal
- Acrylfarbe
- Pinsel
- Filzstift

1 Plastikflasche
(Auto)

5 Kronkorken
(Felgen & Lenkrad)

4 Schraubenmuttern
(Felgen)

12 Plastikdeckel,
8 davon gleich groß
(Reifen & Scheinwerfer)

3 Schaschlikspieße aus Holz
(Achse & Lenkrad-befestigung)

1 Karton
(Boden, Windschutz-scheibe & Sitze)

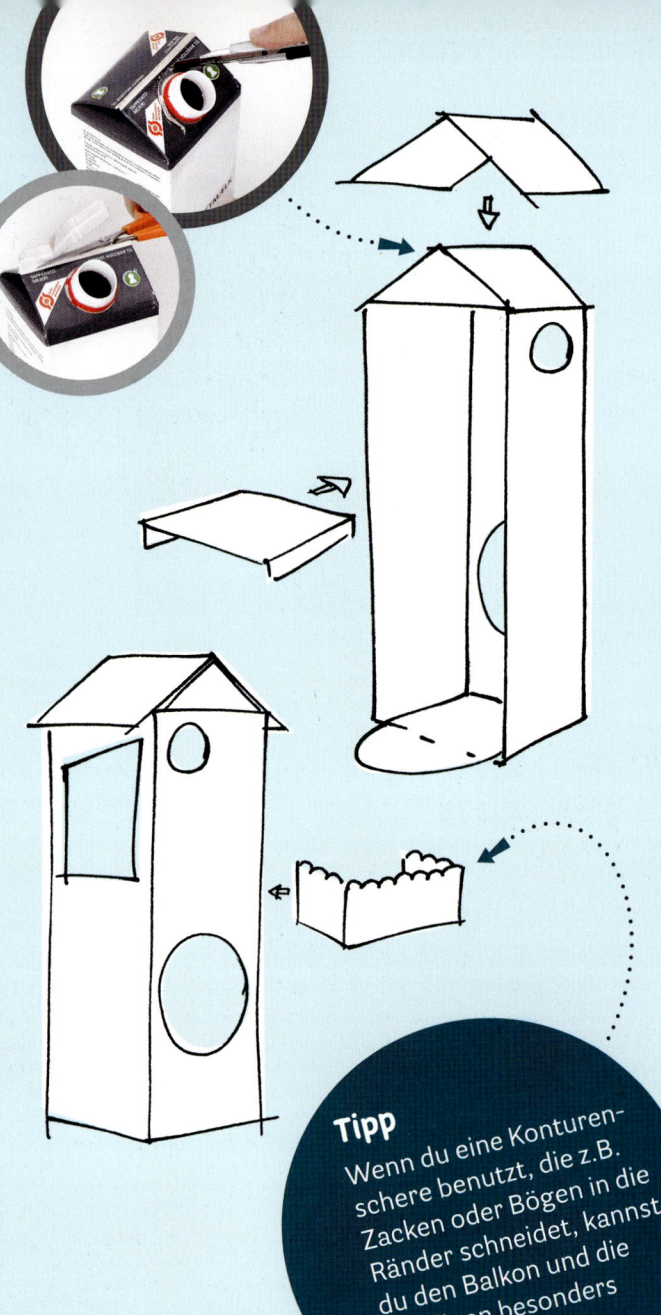

1 Tapete, Fenster & Dach

- Schneide den kleinen „Kamm" oben auf der Milchtüte ab. Den Plastikverschluss schneidest du vorsichtig aus.
- Schneide die zweite Milchtüte etwa 3 cm über dem Boden ab. Das untere Stück brauchst du später für den Balkon. Aus dem oberen Stück schneidest du ein rechteckiges Pappstück als Dach zurecht. Falte das Pappstück in der Mitte und klebe es oben auf den Turm.
- Schneide eine Seite der Milchtüte ab. Lass dabei einen kleinen Rest des Bodens stehen, den du halbrund zuschneidest. Wenn du ihn jetzt nach außen klappst, bekommst du einen Eingangsbereich, wie eine Fußmatte.
- Als Nächstes bekommt dein Turm ein Obergeschoss. Schneide einen Zwischenboden aus dem Milchtütenrest zurecht. Der Boden sollte 1 cm breiter sein als dein Turm, sodass du auf beiden Seiten einen Kleberand nach unten biegen kannst. Klebe den Boden auf halber Höhe in der Milchtüte fest.
- Schneide das Geschenkpapier so zurecht, dass es als Tapete und als Teppich in deinen Turm passt. Bestreiche das Geschenkpapier mit dem Klebestift und klebe es fest. Vor allem an den Wänden musst du es gut andrücken, damit die Tapeten auch halten, wenn du die Fenster in den Turm schneidest.
- Zeichne die Fenster auf die Außenwände deines Turms und schneide sie mit einem Cutter aus.

Tipp
Wenn du eine Konturenschere benutzt, die z.B. Zacken oder Bögen in die Ränder schneidet, kannst du den Balkon und die Gardinen besonders verschönern.

2 Balkon & Gardinen

- Jetzt bastelst du den Balkon. Dazu nimmst du das 3 cm hohe Bodenstück der Milchtüte aus Schritt 1. Schneide den Boden längs durch – eines der beiden Stücke sollte ca. 4 cm breit sein. Das ist dein Balkon, den du jetzt von außen an den Turm klebst.
- Male die Außenseiten deines Turms an und lass sie trocknen.
- Klebe zwei Stücke Geschenkpapier so aufeinander, dass beide bedruckte Seiten zu sehen sind. Schneide daraus Gardinen aus und klebe sie von innen an die Fenster. Jetzt ist der erste Wohnturm in Müllhausen fertig und es kann eingezogen werden!

Otto und Caro wohnen im Regenbogenweg Nummer 8 in Müllhausen, fast genau dort, wo der Regenbogen endet. Wenn du sie besuchen willst, musst du also nur einen Regenbogen suchen und ihm bis ans Ende folgen.

Bunte Tütentürme

Du brauchst (für ein Haus):

2 Milchtüten (Haus & Dach)

- Klebepistole
- Klebestäbchen
- Klebestift
- Schere
- Cutter
- Cutterunterlage
- Lineal
- Acrylfarbe
- Pinsel
- Stift

Geschenkpapier (Tapete, Teppiche & Gardine)

Tipp

Du kannst das Dach auch aus Wellpappe bauen.

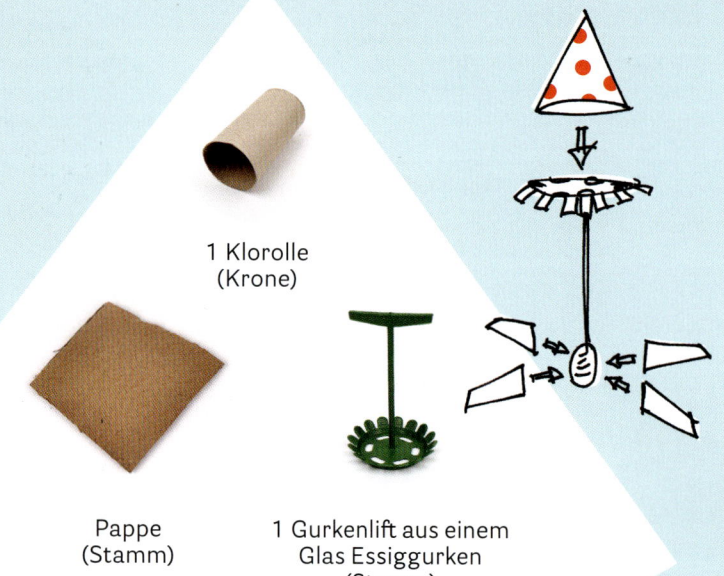

1 Klorolle
(Krone)

Pappe
(Stamm)

1 Gurkenlift aus einem
Glas Essiggurken
(Stamm)

Der Kegelbaum

- Die kegelförmige Baumkrone bastelst du genauso wie die Spitze der Rakete auf S. 98/99. Schneide den Kegel so zurecht, dass er gut auf den Gurkenlift passt, und klebe ihn auf den unteren, runden Teil des Lifts.
- Schneide vier längliche Rechtecke von etwa 3 cm aus der Pappe aus. Klebe sie an den Griff des Gurkenlifts, wie du es auf der Zeichnung siehst. So bleibt dein Baum sicher stehen.
- Male den Fuß des Stamms und die Baumkrone an.

Der Kugelbaum

- Die Baumkrone bastelst du genauso wie den Körper der Pompon-Küken auf S. 104/105.
- Den Stamm bastelst du wie Alma Engels Körper (s. S. 126/127).
- Schneide die zweite Klorolle längs auseinander. Stelle den Stamm auf die Klorolle, und zeichne ihn so auf, dass der entstehende Kreis ca. 1 cm größer ist als der Stammdurchmesser.
- Klebe den Kreis unter den Stamm.
- Male den Stamm an und lass ihn trocknen. Streiche Kleber auf die Spitze des Klorollen-Stamms und setze die Pompon-Krone darauf.

4 Deckel,
(Körper & Kopf)

1 Klorolle
(Ohren & Augen)

1 Mascarabürste
(Schwanz)

1 Strohhalm
(Beine)

Wald-Waldi

- Klebe die beiden großen Deckel zu Waldis Körper zusammen.
- Klebe die beiden kleineren Deckel ebenfalls zusammen und klebe sie als Kopf an das eine Körperende.
- Schneide die Mascarabürste mit der Kneifzange zurecht und klebe sie an das andere Körperende.
- Schneide vier Beine von ca. 1 cm aus dem Strohhalm zurecht und klebe sie unter Waldis Körper.
- Schneide die Klorolle auseinander, zeichne zwei Schlappohren und schneide sie aus. Wenn du die Rundung der Klorolle nutzt, stehen Waldis Ohren leicht ab. Klebe sie rechts und links an seinen Kopf.
- Schneide zwei kleine Kreise für die Augen aus der Klorolle aus und klebe sie auf Waldis Gesicht. Mit einem schwarzen Filzstift kannst du Pupillen darauf malen.

3 Obst- oder
Gemüsenetze
(Krone)

2 Klorollen
(Stamm)

Wald-Waldi

Waldi träumt davon, wie seine
Freunde, die Vögel, hoch oben
über Müllhausen zu fliegen.
Leider kann er nicht fliegen.
Aber wenn sie zusammen singen,
fühlt es sich fast so an, als sei
er kurz davor, abzuheben.

Du brauchst:

- Klebepistole
- Klebestäbchen
- Schere
- Kneifzange
- Deckel/Zirkel
- Acrylfarbe
- Pinsel
- Filzstift

1 Rumpf & Ruder

- Schneide etwa 2 cm von der Klorolle ab. Drücke die Rolle auf der einen Seite etwas platt und klebe sie zu. Die andere Seite klebst du in die Küchenrolle, wie du es auf dem Foto siehst.
- Zeichne drei kleine Flügel auf die Pappe des Kartons und schneide sie aus. Sie sollten ca. 6 cm lang sein. Daraus baust du das Ruder: Klebe zwei der Flügel an der zugeklebten Seite unter die Klorolle, sodass sie bündig anliegen und nach links und rechts weisen. Ritze die Klorolle auf der Oberseite vorsichtig mit einem Cutter ein. Der Einschnitt sollte dieselbe Breite wie der letzte kleine Flügel haben. Tropfe Kleber in die Rille und stecke den Flügel hinein.
- Stelle die offene Seite deines Flugzeugs (die Küchenrolle) auf ein Stück Pappe und zeichne den Kreis nach. Schneide ihn aus und klebe ihn vor die Öffnung.

2 Sitze

- Schneide zwei Löcher mit ca. 3,5 cm Durchmesser oben in die Küchenrolle.
- Schneide zwei Papprechtecke in passender Größe aus, die du zu zwei Sitzen faltest. Klebe die Sitze in die Löcher im Flugzeug.

3 Tragflächen & Propeller

- Schneide zwei Tragflächen von etwa 15 cm Länge und 8 cm Breite aus der Pappe aus. Ritze den Küchenrollen-Körper auf beiden Seiten in der passenden Breite ein. Tropfe Kleber auf die Einschnitte und stecke die Tragflächen ca. 3 mm weit hinein. Klebe außerdem auf der Ober- und Unterseite, dort, wo die Tragfläche den Flugzeugkörper berührt.
- Klebe den Spülmittel-Deckel auf das Ende der Küchenrolle. Am besten sieht ein ganz spitzer Deckel aus, aber mit einem anderen geht es auch.
- Zeichne drei kleine Propeller auf die Pappe, schneide sie aus und klebe sie auf den Deckel.
- Male das alles an und lass es trocknen.

8 cm

15 cm

4 Augen & Dekoration

- Klebe die beiden Kronkorken als Augen rechts und links auf die Flugzeugschnauze. Schneide Pupillen aus der Pappe aus, klebe sie auf die Kronkorken und male einen schwarzen Punkt darauf.
- Wenn du möchtest, kannst du schöne Formen und Muster ausschneiden und sie auf Tragflächen und Ruder kleben. Und schon ist Fanny bereit für den ersten Flug!

Einmal im Jahr fliegt Fanny
Flieger mit ihren besten
Freunden Gunilla Grünbaum
und Kent Klee von Müllhausen
aus zum Grünen Planeten.
Die beiden nehmen dort am
Erbsen-Kochwettbewerb teil.
Ob sie wohl auch dieses Jahr
mit ihrem berühmten Erbsen-
auflauf gewinnen?

Fanny Flieger

Du brauchst:

- Klebepistole
- Klebestäbchen
- Schere
- Cutter
- Cutterunterlage
- Lineal
- Acrylfarbe
- Pinsel
- Filzstift

1 Küchenrolle
(Körper)

1 Klorolle
(Körper)

1 Deckel von einer
Spülmittelflasche
(Propeller)

1 Karton
(Ruder, Tragflächen, Sitze,
Propeller, Augen & Dekoration)

2 Kronkorken
(Augen)

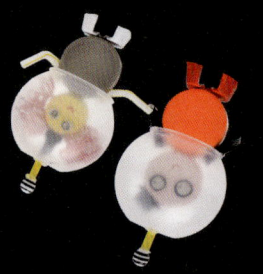

Stradivarius, die Sternen-rakete

Jeden Tag machen Fritzi François und Gurli Margarethe in der Mittagspause eine Spritztour mit Stradivarius, der Sternenrakete, in den Weltraum. Hier draußen sind die zwei beinahe ungestört. Gemeinsam schweben sie Runde um Runde schwerelos durchs All, bis ihnen schwindelig wird und sie ganz und gar glücklich sind. Dann müssen sie schnell zurück in die Sternenrakete und nach Müllhausen fliegen, denn die Pause ist fast vorbei.

Du brauchst (für die Rakete):

7 Klorollen
(kleine Raketen & Raketenspitze)

- Klebepistole
- Klebestäbchen
- Schere
- Acrylfarbe
- Pinsel

1 Plastikflasche
(Große Rakete)

3 Deckel von Waschmittelflaschen
(kleine Raketen)

Du brauchst (für einen Helm):

1 Strohhalm
(Antenne)

1 Perle
(Antenne)

1 Waschmittel-Dosierkugel
(Helm)

① Große Rakete

- Schneide den oberen Teil der Flasche (etwa 2 cm von oben) mit einer spitzen Schere ab. Schneide ihn zackig ein und klebe ihn unter den Flaschenboden, wie du es auf der Zeichnung siehst.
- Schneide eine Klorolle längs auseinander und streiche sie glatt. Klebe entlang der Längsseite bis zur Mitte und falte die Rolle dann zu einem Kegel zusammen. Schneide die Form so zurecht, dass sie oben auf die Flasche passt, und klebe sie fest.

② Astronautenhelme

- Schneide ein Stück Strohhalm von etwa 1 cm Länge ab.
- Klebe das Strohhalmstück als Antenne oben auf die Waschmittel-Dosierkugel.
- Klebe die Perle auf die Öffnung des Strohhalmstücks.
- Tropfe ein bisschen Kleber rechts und links von der Öffnung auf die Dosierkugel und schiebe die Kugel so auf den Kopf der Figur, dass sie an den Armen festklebt.

③ Kleine Raketen

- Bastle für jede der drei kleinen Raketen einen Kegel aus einer Klorolle – so, wie du ihn für die große Rakete gebastelt hast.
- Klebe jeden dieser Kegel auf eine Klorolle.
- Klebe je einen Waschmitteldeckel auf die andere Seite der Klorollen.
- Male die drei kleinen und die große Rakete an und lass sie trocknen.
- Klebe die Raketen zusammen. Die große Rakete kommt in die Mitte und die kleinen Raketen an drei ihrer Seiten.
- Schneide einen Kreis aus einem Klorollenrest aus, male ihn als Raketenauge an und klebe ihn auf. Auf geht's ins Weltall!

1 Schiff

- Schneide eine Seite der Milchtüte ab – entlang dem Plastikverschluss, wie du es auf dem Foto siehst.
- Schneide die zweite Milchtüte ca. 12 cm über dem Boden ab. Der untere Teil wird ein kleines Häuschen als Schiffsaufbau, die offene Seite zeigt dabei nach unten. Schneide eine Seite weg, zeichne Fenster auf die anderen Seiten und schneide sie aus.
- Lege die erste Milchtüte, den Bootsrumpf, so hin, wie du es auf der Zeichnung siehst. Die spitz zulaufende Seite ist der Bootsbug und zeigt nach vorn. Klebe den Schiffsaufbau hinein.
- Schneide die Klorolle auf einer Seite schräg ab und klebe sie als Schornstein auf das Dach des Häuschens.
- Male das Boot von außen und von innen an und lass es trocknen.

Tipp

Du kannst Fensterscheiben für die Bullaugen basteln, indem du Kreise aus einer Plastikverpackung ausschneidest und sie auf die Innenseite der Milchtüte klebst.

Babett, das Boot

2 Schild & Fahne

- Schneide ein Schild und eine Fahne aus den Milchtütenresten aus. Male sie an und lass sie trocknen. Schreibe den Namen deines Boots auf das Schild und klebe es auf das Schiffshäuschen.
- Für die Fahne schneidest du den Strohhalm auf etwa 10 cm zurecht. Schneide das obere Strohhalmende vorsichtig ein: Der Schnitt muss so lang werden, wie die Fahne breit ist. Setze die Fahne in den Einschnitt. Wenn sie nicht ganz fest sitzt, tropfe etwas Kleber darauf. Klebe dann die Perle auf das obere Ende der Strohhalm-Fahnenstange und klebe die Fahnenstange auf die hintere Innenseite des Boots.

Babett, das Boot

Wenn Babett, das Boot, mit Kapitänin Sylvia Sybilla und Matrosin Bibi Bobby an Bord weit aufs Meer hinausgefahren ist, wirft Sylvia Sybilla das Netz aus. Und zum Abendessen gibt es dann für alle Bewohner Müllhausens Fischfrikadellen vom Fliegenden Fisch.

Du brauchst:

- Klebepistole
- Klebestäbchen
- Schere
- Cutter
- Cutterunterlage
- Lineal
- Acrylfarbe
- Pinsel
- Filzstifte

1 Klorolle
(Schornstein)

2 Milchtüten
(Rumpf, Häuschen,
Schild und Fahne)

1 Strohhalm
(Fahnenstange)

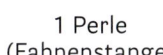

1 Perle
(Fahnenstange)

*Wenn Ostern, Weihnachten, Muttertag
oder der Laternenumzug näher rücken,
dann ist dieses Kapitel etwas für dich.
Du kannst eine tolle Dekoration für den
Ostertisch basteln, deinen eigenen
Weihnachtsbaum bauen, Geschenke
zum Mutter- oder Vatertag, verschiedene
Laternen und vieles mehr!*

Feste feiern

Pompon-Küken

Wenn die Tage länger und heller werden, ist plötzlich ein leises Piepsen aus dem Wohnzimmer zu hören und schwups! – weißt du, dass Ostern vor der Tür steht!

Du brauchst (für 1 Küken):

- Nadel & Faden
- Klebepistole
- Klebestäbchen
- Schere
- Deckel/Zirkel
- Lineal
- Acrylfarbe
- Pinsel
- Filzstift

ca. 7 Obst- oder Gemüsenetze (Körper & Kopf)

1 Karton (Schablone, Augen & Schnabel)

2 Kopf

- Mach den Pompon für den Kopf genauso wie denjenigen für den Körper, nur etwas kleiner (Durchmesser der Pappringe ca. 2,5 cm). Auch hier befestigst du einen Faden.
- Setze den Kopf-Pompon so dicht auf den Pompon-Körper wie möglich. Binde den Kopf-Faden fest um den Körper-Pompon. Verknote ihn einige Male, damit der Kopf nicht abfallen kann.
- Zum Schluss schneidest du die Augen und zwei Teile für den Schnabel aus dem Karton aus. Male den Schnabel an und mit einem Filzstift Pupillen auf die Augen. Wenn der Schnabel getrocknet ist, klebst du die Augen und den Schnabel auf den Kopf. Schon ist dein Küken fertig!

1 Körper

- Zeichne zwei gleich große Kreise (ca. 6 cm Durchmesser) auf den Karton. Nimm dazu einen Zirkel oder einen Deckel, den du als Schablone benutzt. Zeichne danach jeweils einen kleineren Kreis in den großen. Schneide die äußeren und die inneren Kreise aus – jetzt hast du zwei Ringe, die du aufeinanderlegst.
- Wickle das erste Obstnetz gleichmäßig um die Ringe. Wenn du das ganze Netz aufgewickelt hast, schneidest du die Netzenden ab. Nimm ein neues Netz und wickle weiter. Versuche dabei, das erste Netz fest zu umwickeln, damit sich nichts lösen kann. Mach immer so weiter, bis du das Netz nicht mehr durch das kleine Loch in der Mitte bekommst.
- Nimm ein Stück Faden doppelt, zieh es zwischen den beiden Pappringen durch und verknote es ein paarmal.
- Schneide vorsichtig am Außenrand der Pappscheiben entlang, sodass dein Küken ein dichtes Federkleid bekommt. Zum Schluss schneidest du die Pappscheiben durch und nimmst sie aus dem Pompon. Pass auf, dass du den Faden nicht zerschneidest, daran soll das Küken aufgehängt werden.
- Schneide den fertigen Pompon so zurecht, dass er rund und schön aussieht.

Kalles **Ostern** Kressegarten

Tipp
Zum Basteln brauchst du nur die Eierschalen – aus den Eiern kannst du ein leckeres Omelette für die ganze Familie machen.

Kalle wohnt mit seinen Freunden, den Blumen, und seinem Kressegarten auf Wolke sieben, wo die wunderschöne Ostersonne scheint. Manchmal wird es fast zu warm. Dann ruft Kalle Herrn Grau, der dann mit seinem kleinen Wolkenbruchbrausebad herbeieilt, damit sich alle abkühlen können.

Du brauchst:

- Klebepistole
- Klebestäbchen
- Schere
- Acrylfarbe
- Pinsel
- Filzstift

4 Strohhalme
(Stängel)

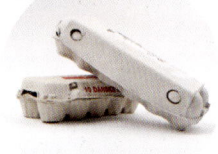

2 große Eierkartons
(Garten)

10 Eier
(Garten)

Kressesamen
(zum Pflanzen)

Watte
(zum Pflanzen)

① Blumen

- Zeichne die Einzelteile der vier Blumenköpfe und die Blätter für ihre Stängel auf die Eierkartondeckel. Du kannst Osterglocken basteln wie auf den Fotos oder dir deine eigenen Blumen ausdenken. Schneide alle Formen aus, male sie an und lass sie trocknen. Danach malst du auch die Rückseite der Blumen-teile an, damit die Blumen von beiden Seiten gleich schön aussehen.

- Schneide sechs der runden Punkte aus den Eier-kartonböden aus. Zerschneide dafür nur einen der Eierkartons, den anderen brauchst du noch.

- Klebe die einzelnen Teile der Blumenköpfe zusammen, klebe die Punkte als Augen auf und male mit einem schwarzen Filzstift Pupillen darauf.

- Klebe je einen Strohhalm von hinten an jeden Blumenkopf – das sind die Stängel.

② Garten

- Nimm den unteren Teil des zweiten Eierkartons und schneide ihn entlang den kleinen Bechern für die Eier zackig ein, wie du es auf dem Foto siehst. Male die Becher grasgrün an und lass sie trocknen.

- Schneide die Strohhalme für die Blumenstängel in unterschiedlichen Längen ab. Tropfe ein bisschen Kleber auf das Loch in einer der vier kegelförmigen Erhebungen in der Mitte des Kartons und stecke einen der Blumenstängel hinein. Mit den anderen drei Blumen machst du es genauso. Dann klebst du die Blätter an die Stängel.

- Schlage die Eier vorsichtig über einer Schüssel auf – so kannst du sie noch zum Kochen verwenden. Du brauchst jeweils eine Hälfte der Eierschale, um die Kresse darin zu pflanzen. Achte deshalb darauf, dass je eine Schalenhälfte ganz bleibt. Wasche die Eierschalen aus und lass sie trocknen.

- Wenn die Eierschalen trocken sind, kannst du sie in den Eierkarton-Garten setzen und in jede Schale ein bisschen feuchte Watte legen. Streue die Kresse-samen auf die Watte. Jetzt heißt es geduldig sein, bis die Kresse sprießt. Auf der nächsten Seite kannst du sehen, wie du deinen Garten richtig pflegst.

Kalles **Ostern** **Kressegarten**

Tag 1
Jetzt wird's spannend …

Tag 3
Bald brechen die Samen auf …

Es macht Spaß, zu beobachten, was passiert, wenn die Natur ihren Lauf nimmt – und wenn du deine Gartenarbeit gut erledigst. Gieße die Kressesamen jeden Tag ein bisschen und schon bekommst du den tollsten grünen Garten!

Tag 5
Juchu, da sind sie!

Blumen-box

Du brauchst:

- Klebepistole
- Klebestäbchen
- Schere
- Acrylfarbe
- Pinsel

- Male den Schuhkarton samt Deckel von innen und außen an und lass ihn trocknen.
- Leg die Plastikdeckel auf den Schuhkartondeckel und ordne sie zu einem schönen Muster an. Klebe sie fest.
- Nun malst du die Plastikdeckel an: Zuerst malst du die ganze Deckeloberfläche in einer Farbe an und lässt sie trocknen. Male danach einen kleineren Kreis in einer anderen Farbe darüber und lass das Ganze wieder trocknen. Mach immer so weiter, bis die Muster der Blütenblätter fertig sind.
- Wenn du möchtest, kannst du die Blumenbox zum Schluss noch mit Perlen verzieren.

1 Schuhkarton (Box)

Deckel (Dekoration)

Perlen o. Ä. (Dekoration)

Bunte Blumen

Wenn deine Eltern immer wieder vergessen, die Blumen zu gießen, sind diese Blumen das perfekte Geschenk für sie – die bunten Blumen brauchen garantiert kein Wasser!

Mutter- & Vatertag

Du brauchst (für 6 Blumen):

- Klebepistole
- Klebestäbchen
- Schere
- Acrylfarbe
- Pinsel
- Filzstifte
- Gaffa-Tape

1 Plastikblumentopf

Erde

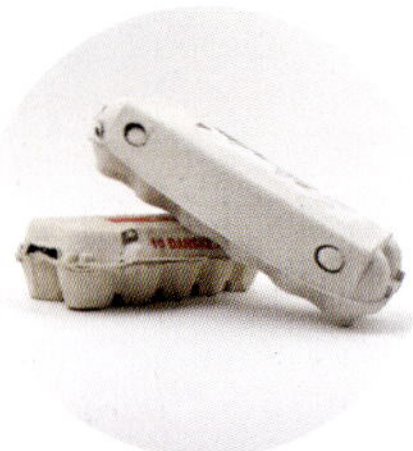

2 große Eierkartons (Blütenkelche)

Perlen (Blüten)

6 Strohhalme (Stängel)

1 Blüten

- Schneide die kegelförmigen Erhebungen in einem der beiden Eierkartons aus, wie du es auf dem Foto siehst. Um daraus Blütenkelche zu basteln, drehst du sie um und schneidest Zacken hinein.
- Male die Blüten an und lass sie trocknen.
- Vergrößere vorsichtig das Loch am unteren Ende eines Blütenkelchs, sodass du einen Strohhalm als Stängel hindurchschieben kannst. Klebe ihn auf der Rückseite des Blütenkelchs rund um das Loch fest, damit er nicht verrutscht.
- Tropfe etwas Kleber auf eine Perle und klebe sie auf dasjenige Ende des Strohhalms, das in den Blüten- kelch ragt. Drücke die Perle vorsichtig an, bis der Kleber trocken ist.
- Die anderen Blüten bastelst du genauso.
- Wie du auf dem Foto siehst, bestehen einige Blumen aus zwei Eierkarton-Kegeln: Nachdem du den Blüten- kelch auf den Strohhalm-Stängel gesetzt hast, tropfst du ein kleines bisschen Kleber in die Mitte des Blütenkelchs und setzt einen zweiten Kelch darauf. Die Blumen werden so noch bunter und schöner.

2 Stängel & Blätter

- Schneide für jede Blume zwei bis drei Blätter aus den Seitenteilen der Eierkartons aus. Du kannst die gebogene Kartonform nutzen, um schöne, geschwungene Blätter zu bekommen. Mal die Blätter grün an und lass sie trocknen.
- Mit einem Filzstift malst du Blattadern in einem anderen Grünton auf. Klebe dann die Blätter an die Stängel.

3 Blumentopf

- Mal den Blumentopf an und lass ihn trocknen. Falls der Topfboden Löcher hat, klebst du etwas Gaffa-Tape darüber, damit die Erde nicht durchrieselt.
- Schütte etwas Erde in den Topf. Jetzt kannst du deine Blumen einpflanzen.

Cowboy Kenny

Cowboy Kenny hat viel Zeit zum Grübeln, denn dort, wo er lebt, passiert nicht besonders viel. Oft stellt er sich vor, wie es wäre, eine Familie zu haben. Bastle ihn doch einfach und schenk ihn deinen Eltern, damit Kenny bald zu eurer Familie gehört!

Mutter- & Vatertag

Du brauchst:

- Klebepistole
- Klebestäbchen
- Cutter
- Cutterunterlage
- Lineal
- Acrylfarbe
- Pinsel
- Filzstift
- Gaffa-Tape

1 Karton (Kaktus)

1 Plastikblumentopf oder Plastikbecher

Erde

2 Plastikdeckel (Brille)

1 Kaktusteile

- Schneide den Karton auseinander.
- Miss den Innendurchmesser des Blumentopfs.
  Der untere Teil deines Kaktus muss dieselbe Breite
  wie der Blumentopf haben. Zeichne den Kaktus auf
  den Karton.
- Miss die Stärke der Pappe. Die einzelnen Kaktusteile
  werden zusammengesteckt. Zeichne einen passenden
  Einschnitt unten auf den Kaktus. Schneide den
  Kaktus aus.
- Lege den ausgeschnittenen Kaktus auf ein Stück
  Pappe und zeichne seinen unteren Teil ab. Die Form
  erinnert an einen Blumentopf, du kannst sie auf der
  Zeichnung sehen. Diesmal zeichnest du den Einschnitt
  oben auf. Die Einschnitte der beiden Kaktusformen
  müssen gleich tief sein, damit du die Teile ineinander-
  schieben kannst. Schneide die zweite Kaktusform aus.
- Zeichne die Teile für den ersten Kaktusarm auf ein
  Stück Pappe. Auch hier brauchst du einen Einschnitt
  für jedes Einzelteil. Schneide die Teile aus, lege sie
  auf ein neues Stück Pappe, zeichne sie ab und schneide
  auch diese Teile aus. Schneide auch zwei Pupillen aus.
- Zeichne einen Cowboyhut auf ein Stück Pappe und
  schneide ihn aus. Auch der Hut besteht aus zwei
  Teilen zum Zusammenstecken.
- Schneide kleine Pappstücke als Stacheln aus.

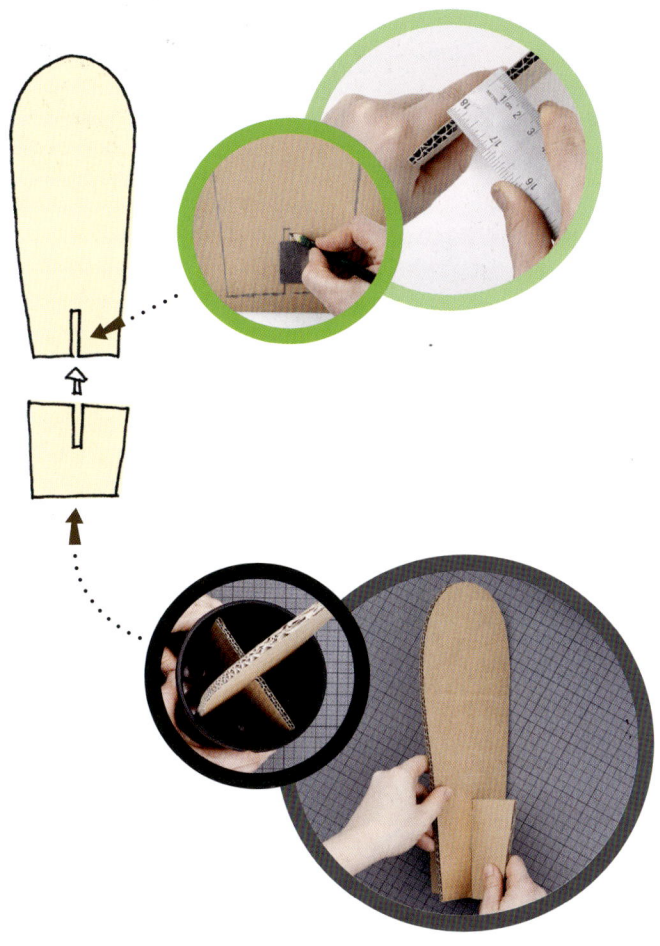

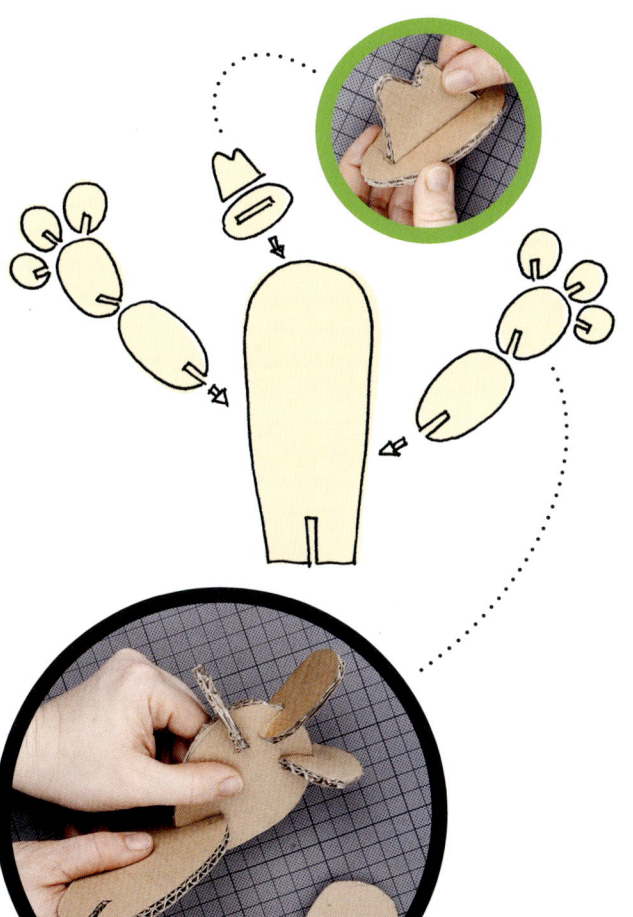

2 Zusammenbauen

- Male den Kaktus, die beiden Deckel, die die Brillen-
  gläser werden sollen, die Pupillen und den Blumentopf an. Wenn dein Kaktus Streifen bekommen soll,
  ist es am einfachsten, erst alle Teile in einer Farbe
  anzumalen und die Streifen auf den einfarbigen
  Kaktus zu malen, wenn die Farbe getrocknet ist.
  Denk daran, beide Seiten anzumalen.
- Wenn die Kaktusteile getrocknet sind, kannst du die
  große und die kleine Kaktusform zusammensetzen.
  Schiebe auch die Einzelteile der Kaktusarme
  ineinander. Falls die Einschnitte zu groß geraten
  sind, tropfe vorher ein bisschen Kleber darauf.
- Baue den Cowboyhut zusammen und klebe ihn
  auf. Klebe die Stacheln rund um den Kaktus fest.
  Die beiden Brillenglas-Deckel klebst du auf Kennys
  Gesicht. Klebe die Pupillen darauf.
- Falls der Boden des Blumentopfs Löcher hat,
  klebst du etwas Gaffa-Tape darüber, damit die Erde
  nicht durchrieselt. Fülle die Erde in den Topf. Es ist
  wichtig, dass die Erde ganz trocken ist – der Kaktus
  verträgt keine Feuchtigkeit.

① Kopf

- Schneide die Milchtüte ca. 15 cm über dem Boden ab.
- Male die Kartoninnenseite an und lass sie trocknen.
- Zeichne den Zyklopen auf zwei aneinandergrenzende Seiten des Kartons. Er hat ein Auge und ein zackiges Maul – wie du es auf der Zeichnung siehst. Schneide Maul und Auge aus.
- Jetzt malst du Konrads Außenseite an und lässt ihn wieder trocknen.

② Licht & Windschutz

- Gib einen großen Klecks Kleber auf die Unterseite des Teelichts und klebe es mittig auf den Milchtütenboden.
- Schneide die Plastikverpackung so auseinander, dass nur zwei Seiten übrig bleiben: der Boden und eine der Längsseiten. Diese L-Form dient als Windschutz, dort, wo du Maul und Auge ausgeschnitten hast. Lege die Form in die Laterne, und miss aus, wie viel du von den Seiten abschneiden musst, damit sie gut hineinpasst.
- Schiebe die Plastikform in die Laterne, und klebe sie an den Seiten mit Tesafilm fest, sodass sie nicht verrutschen kann.

③ Aufhängung

- Schneide den Zweig mit einer Kneifzange so zurecht, dass du ihn gut tragen kannst, und male ihn an.
- Bohre mit einer Ahle oder einer spitzen Schere zwei kleine Löcher oben in die Seitenteile der Laterne. Ziehe ein Stück Draht hindurch und drehe in der Mitte des Drahtstücks eine kleine Schlinge – hier wird die Laterne befestigt.
- Ritze an einem Zweigende mit dem Cutter einmal rund um den Zweig, sodass eine Einkerbung entsteht. An dieser Stelle wickelst du jetzt ein Stück Draht um den Zweig. Befestige diesen Draht an der Drahtschlinge der Laterne. Auf geht's zum Laternenumzug!

Zyklop Konrad

Du brauchst:

- Blumendraht
- Klebepistole
- Klebestäbchen
- Schere
- Cutter
- Cutterunterlage
- Kneifzange
- Ahle
- Lineal
- Acrylfarbe
- Pinsel
- Filzstift
- Tesafilm

2 Milchtüten
(Körper & Flügel)

1 Plastikverpackung
(Windschutz)

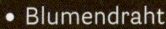

1 Teelicht

1 Zweig
(Laternenstock)

Obwohl Zyklop Konrad nur ein Auge und keinen Körper hat, ist er glücklich. Er sieht die kleinste Bewegung des kleinsten Lebewesens in der Dunkelheit. Deshalb geht er jeden Morgen pappsatt und zufrieden ins Bett. Rate mal, wen er heute Nacht fressen wird …!

Erik Eule

Du brauchst:

- Blumendraht
- Klebepistole
- Klebestäbchen
- Schere
- Cutter
- Cutterunterlage
- Kneifzange
- Ahle
- Acrylfarbe
- Deckel/Zirkel
- Lineal
- Pinsel
- Filzstift
- Tesafilm

2 Milchtüten
(Körper & Flügel)

1 Plastikverpackung
(Windschutz)

1 Teelicht

1 Zweig
(Laternenstock)

Tagsüber ist Erik eine ganz gewöhnliche, niedliche Eule ... aber nachts ist er wie ausgewechselt. Lautlos fliegt er durch den Wald, immer auf der Suche nach einem Leckerbissen.

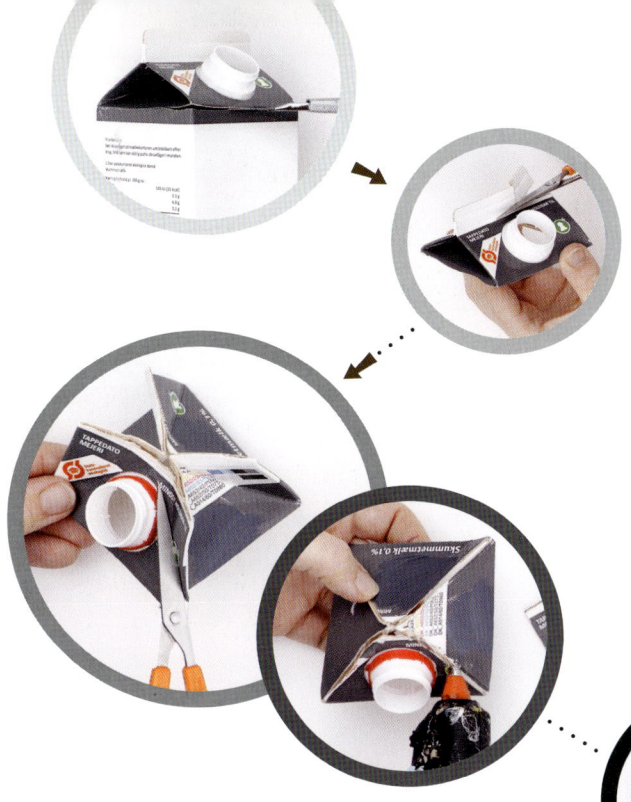

1 Flügel

- Schneide den oberen, dreieckigen Teil einer Milchtüte mit einem Cutter ab.
- Schneide den kleinen „Kamm" oben auf der Milchtüte ab.
- Falte die Milchtüte auseinander und schneide die vier kleinen Klappen ab.
- Klebe danach die Kartonseiten zusammen, sodass die Milchtüte wieder stabil wird. Im Detail siehst du die Arbeitsschritte auf den Fotos.
- Schneide Zacken in drei der vier Kartonseiten – die Seite mit dem Plastikverschluss bekommt keine Zacken.
- Wiederhole das mit der zweiten Milchtüte.

2 Körper

- Nimm einen der beiden unteren Milchtütenteile und schneide ihn ca. 15 cm über dem Boden ab.
- Male ihn von innen an und lass ihn trocknen.
- Zeichne Erik Eule auf zwei aneinandergrenzende Seiten der Milchtüte. Aus welchen unterschiedlichen Formen Erik besteht, siehst du auf der Zeichnung. Du kannst einen Plastikdeckel als Schablone benutzen, um Eriks Augen aufzuzeichnen.
- Schneide die Formen aus.
- Bohre mit einer Ahle oder mit einer spitzen Schere zwei kleine Löcher oben in die Seitenteile der Laterne. Ziehe ein Stück Draht hindurch und drehe in der Mitte des Drahtstücks eine Schlinge.
- Zeichne den Schnabel, die Füße und die Ohren auf ein Reststück Karton, schneide sie aus und klebe sie auf die Laterne.
- Streiche Kleber auf die Ränder der offenen Flügelseite und klebe sie rechts und links an Erik, wie du es auf dem Foto siehst.
- Male Erik an und lass ihn trocknen.

3 Licht & Windschutz

- Wie du einen Windschutz aus der Plastikverpackung baust, kannst du in der Anleitung zu Zyklop Konrad (s. S. 114/115) nachlesen.

4 Aufhängung

- Wie du die Laterne aufhängst, erfährst du in der Anleitung zu Zyklop Konrad auf Seite 114/115. Und dann ist Erik fertig für den Laternenumzug oder eine supergruselige Halloween-Party!

Wusstest du …

dass jeder Deutsche 46 Rollen Klopapier im Jahr verbraucht?

Berta Baum

Jedes Jahr an Heiligabend macht es draußen im Wald plopp und aus heiterem Himmel steht plötzlich Berta Baum da. Die anderen Bäume sind zuerst ein bisschen überrascht, aber dann jubeln sie. Denn für sie ist das ein Zeichen, dass Weihnachten vor der Tür steht. Berta Baum und die anderen feiern dann die ganze Nacht. Am nächsten Tag ist Berta so plötzlich verschwunden, wie sie gekommen ist. Aber die Bäume wissen, dass sie nächstes Jahr wieder da ist – und dann wird gefeiert!

Anleitungen auf den nächsten Seiten

Berta Baum

Du brauchst:

8 Küchenrollen
(Stamm & Zweige)

16 Klorollen
(Zweige)

1 Karton
(Baumfuß)

- Klebepistole
- Klebestäbchen
- Schere
- Cutter
- Cutterunterlage
- Ahle
- Acrylfarbe
- Pinsel
- Filzstift
- Bleistift

Tipp

Am besten fängst du schon vor der Vorweihnachtszeit an, Klo- und Küchenrollen zu sammeln.

1 Stamm & Fuß

- Für den Stamm nimmst du zwei Küchenrollen und klebst sie zusammen. Achte darauf, dass die Rollen denselben Durchmesser haben, dann ist das Kleben leichter.
- Schneide den Karton auseinander. Stelle den Küchenrollen-Stamm auf ein Stück Pappe, zeichne um die Rolle herum und schneide den Kreis aus. Kleb ihn auf ein Ende des Stamms.
- Stelle einen kleinen Teller auf ein neues Stück Pappe. Zeichne um den Teller herum und schneide den Kreis aus. Stelle den Küchenrollen-Stamm mit der offenen Seite auf die Kreismitte, zeichne einen kleinen Kreis auf den großen und schneide auch diesen aus. Setze den Stamm in das Loch und klebe darum herum. Jetzt kann der Stamm nicht mehr umkippen.

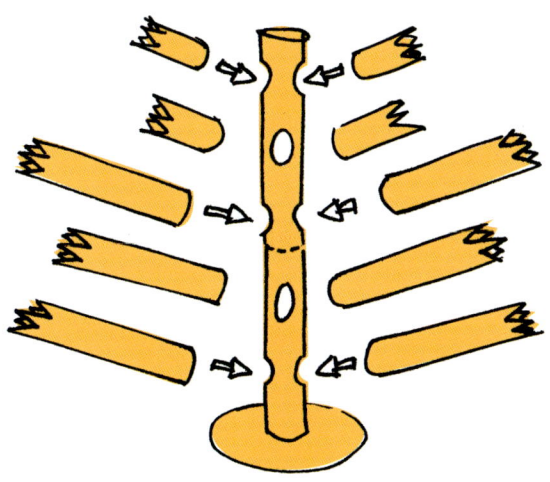

② Äste & Zweige

- Alle Küchen- und Klorollen befestigst du, wie du es auf den Fotos siehst: Halte eine Klorolle an die Stelle am Küchenrollen-Ast, wo der Zweig angeklebt werden soll. Zeichne die Konturen der Rolle nach und schneide den entstehenden Kreis aus. Stecke die Klorolle in das Loch und klebe um das Loch herum. Dasselbe wiederholst du auf der anderen Seite der Küchenrolle – so geht später ein Zweig von jeder Seite des Asts ab.
- Die sechs unteren Äste sind die längsten. Jeder von ihnen besteht aus einer Küchenrolle. Setze die sechs Äste zuerst an den Stamm.
- Klebe jeweils zwei Klorollen wie oben beschrieben als Zweige an die Küchen-rollen-Äste.
- Setze danach vier Klorollen als obere Äste an den Stamm.
- Schneide Zacken in alle Äste und Zweige.
- Jetzt kannst du den Baum anmalen.

③ Dekorieren

- Bohre mit einer Ahle ein Loch ganz oben in den Stamm. Mach das Loch mit einem Bleistift noch ein bisschen größer. Streiche Kleber um das Loch herum und stecke die Sternenspitze des Sterns von Seite 125 hinein. Halte den Stern fest, bis der Kleber getrocknet ist.
- Streiche etwas Kleber auf die äußeren Kanten der Rückseite der beiden Sternenzacken, die direkt am Stamm sitzen, und drücke sie an. Du kannst außer-dem die Herzen von S. 124 an den Baum hängen.

Herz-anhänger

Du brauchst (für 6 Herzen):

- Nadel & Faden
- Klebepistole
- Klebestäbchen
- Schere
- Ahle
- Acrylfarbe
- Pinsel
- Filzstift

1 Karton (Herzen)

Wellpappe (Oberfläche der Herzen)

12 Kronkorken (Augen)

1 Herzen

- Schneide den Karton auseinander und zeichne sechs Herzen in verschiedenen Größen darauf. Schneide die Herzen aus.
- Streiche Kleber auf das erste Herz, lege ein Stück Wellpappe darauf und drücke die beiden Flächen zusammen.
- Drehe das Herz um und schneide die Wellpappe entlang den Herzkonturen ab. Beklebe auch die andere Herzseite mit Wellpappe und bastle die anderen fünf Herzen genauso.
- Male die Herzen an. Lass alles trocknen und male dann ein Muster auf. Versuche dabei, mit dem Pinsel der Struktur der Wellpappe zu folgen.

2 Augen

- Klebe zwei Kronkorken als Augen auf jeden Herzanhänger.
- Schneide für jedes Herz zwei Augenkreise und zwei kleine Kreise als Pupillen aus den Kartonresten aus. Male die Pupillenkreise schwarz an.
- Klebe die Augenkreise und die Pupillen auf die Kronkorken-Augen.
- Wenn du die Pupillen auf jedes der Herzen etwas anders aufklebst, sieht es so aus, als würden sie in alle möglichen Richtungen gucken.

3 Aufhängung

- Zuletzt stichst du mit der Ahle oben in der Mitte vorsichtig ein Loch in jedes Herz. Dort ziehst du den Faden durch und bindest ihn zusammen – so kannst du die Herzanhänger aufhängen.

Weihnachts-stern

1 Deckel
(Mitte)

Wellpappe
(Außenteil)

2 Kronkorken
(Augen)

- Klebepistole
- Klebestäbchen
- Nadel & Faden
- Lineal zum Schneiden
- Cutterunterlage
- Cutter
- Schere
- Acrylfarbe
- Pinsel

- Zeichne einen 1 m x 6 cm großen Streifen auf die Wellpappe. Wenn dein Wellpappenstück zu kurz ist, klebst du mehrere Stücke zusammen.
- Schneide den Pappstreifen mit einem Cutter aus. Benutze ein Lineal, an dem du entlangschneidest.
- Male die Wellpappe weiß an. Lass die Wellpappe trocknen und male sie dann golden an. Das machst du mit beiden Pappseiten.
- Falte die Wellpappe. Mache etwa alle 5 cm einen Knick.
- Falte die Wellpappe auseinander. Schneide Zacken in die eine Längsseite der Pappe.

- Falte die Pappe wieder zusammen. Nimm den Faden doppelt und fädle ihn in die Nadel ein. Ziehe den Faden durch die Seite der Pappe, die keine Zacken hat, und zwar sowohl auf der rechten als auch auf der linken Seite.
- Falte den Stern auseinander und klebe die beiden Zacken, an denen er jetzt noch offen ist, zusammen.
- Zum Schluss klebst du einen Deckel in die Mitte des Sterns. Klebe die beiden Augen-Kronkorken auf den Deckel, schneide vier Pappkreise aus – zwei große und zwei kleine –, male sie an und klebe sie auf die Kronkorken. Fertig ist dein Weihnachtsstern!

Weihnachten

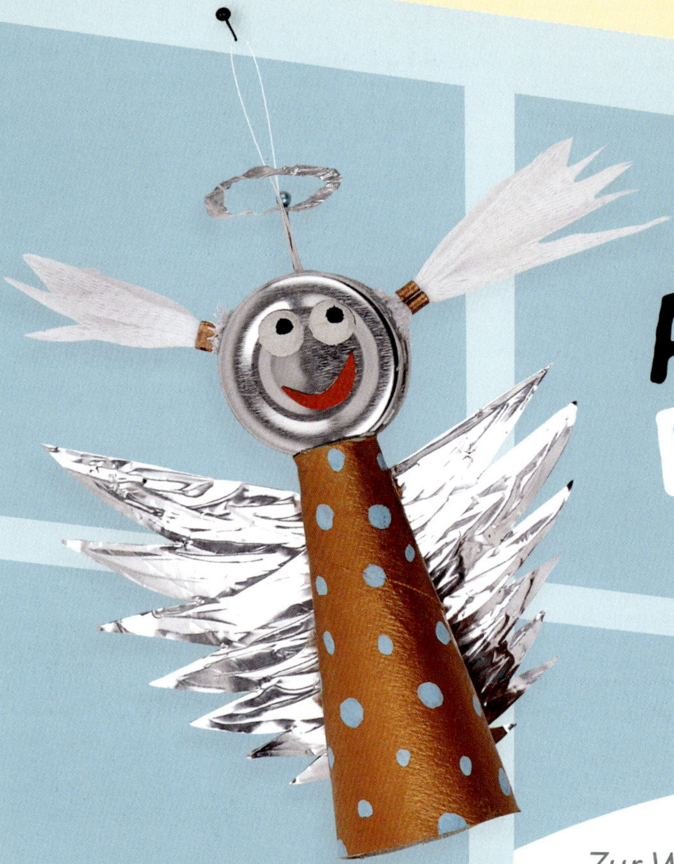

Alma Engel

Zur Weihnachtszeit fliegt Alma Engel von Haus zu Haus. Ihre Flügel summen leise und Weihnachtsstimmung breitet sich langsam im ganzen Haus aus.

Du brauchst:

- Angelschnur/Faden
- Klebepistole
- Klebestäbchen
- Schere
- Acrylfarbe
- Pinsel
- Filzstift

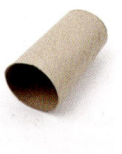

1 Klorolle
(Körper)

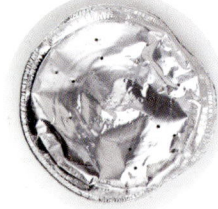

1 Aluverpackung
oder Alufolie
(Flügel & Heiligenschein)

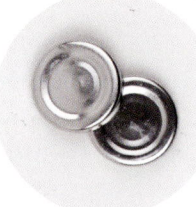

2 Schraubdeckel
(Kopf)

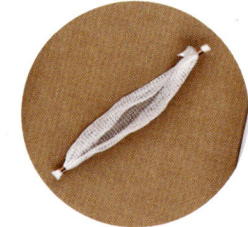

1 Gemüsenetz,
z. B. für Knoblauch
(Zöpfe)

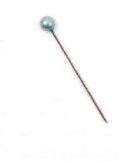

1 Stecknadel
(Heiligenschein)

1 Körper & Flügel

- Schneide die Klorolle der Länge nach auf. Schneide auf der rechten Seite einen kleinen Streifen schräg ab. Wie genau du das machst, siehst du auf dem Foto. Streiche Kleber auf die rechte Seite der aufgeschnittenen Rolle, und klebe die Rolle wieder zusammen, sodass du einen Kegel bekommst. Oben muss ein kleines Loch für den Kopf bleiben.

- Schneide die Aluverpackung so auseinander, dass du zwei Stücke erhältst, die etwas kleiner als der Klorollen-Körper sind. Falte die beiden Stücke jeweils zusammen und schneide auf einer Seite Zacken für die Flügel hinein. Mit einem Pinselstiel kannst du ein Muster auf die Flügel „zeichnen": Drücke vorsichtig auf das weiche Aluminium, bis man z. B. Federn erkennen kann.

2 Kopf und Aufhängung

- Lege die Angelschnur zu einer Schlinge zusammen und verknote sie. Streiche Kleber auf die Kante eines Deckels. Lege die Schnur auf den Deckelrand und klebe den zweiten Deckel darauf.

- Schneide einen Ring für den Heiligenschein aus der Aluminiumverpackung aus. Steche die Stecknadel durch den Heiligenschein. Wenn du auf der Unterseite einen kleinen Klecks Kleber zwischen Nadel und Heiligenschein setzt, hält die Nadel besser. Klebe die Stecknadel an Almas Hinterkopf.

- Schneide das Gemüsenetz in der Mitte durch – das werden Almas Zöpfe. Tropfe ein bisschen Kleber rechts und links auf Almas Kopf und klebe die beiden Teile fest. Achte darauf, dass du die untere Seite mit der Metallklammer anklebst, wie du es auf dem Foto siehst. Schneide die beiden Zöpfe schön zurecht.

- Schneide Augen und Mund aus den Resten der Klorolle aus. Male sie an und lass sie trocknen. Klebe sie auf Almas Gesicht. Male auch den Klorollen-Körper an und lass ihn trocknen.

- Streiche Kleber auf die Flügelinnenseiten und klebe sie auf Almas Rücken. Zum Schluss klebst du Körper und Kopf zusammen – und Alma ist bereit zum Abflug!

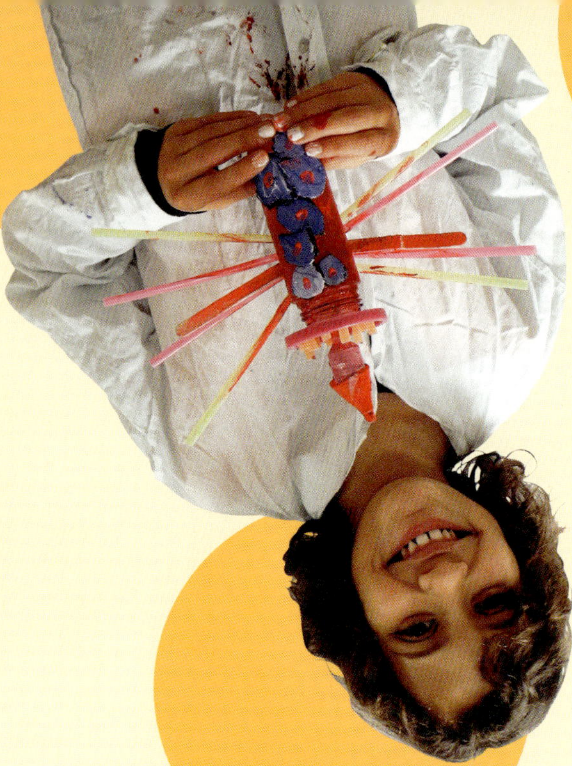

Kinder feiern Weihnachten

Hier siehst du Beispiele von Kindern, die ihre ganz eigenen Engel gebastelt haben (und auch ein Weihnachtsmann hat sich eingeschlichen). Die Müll-Engel sind genauso unterschiedlich wie die Kinder – zum Glück! Los geht's: Bastle deinen eigenen Engel!

Jetzt wird gefeiert! Bastle selbst
Masken oder Hüte und mach dich
bereit für Fasching oder Halloween.
Du kannst dich z. B. in ein Monster
verwandeln oder in eine Blume.
Wie wäre es mit einem Vogel auf
deinem Kopf?

Masken & Hüte zaubern

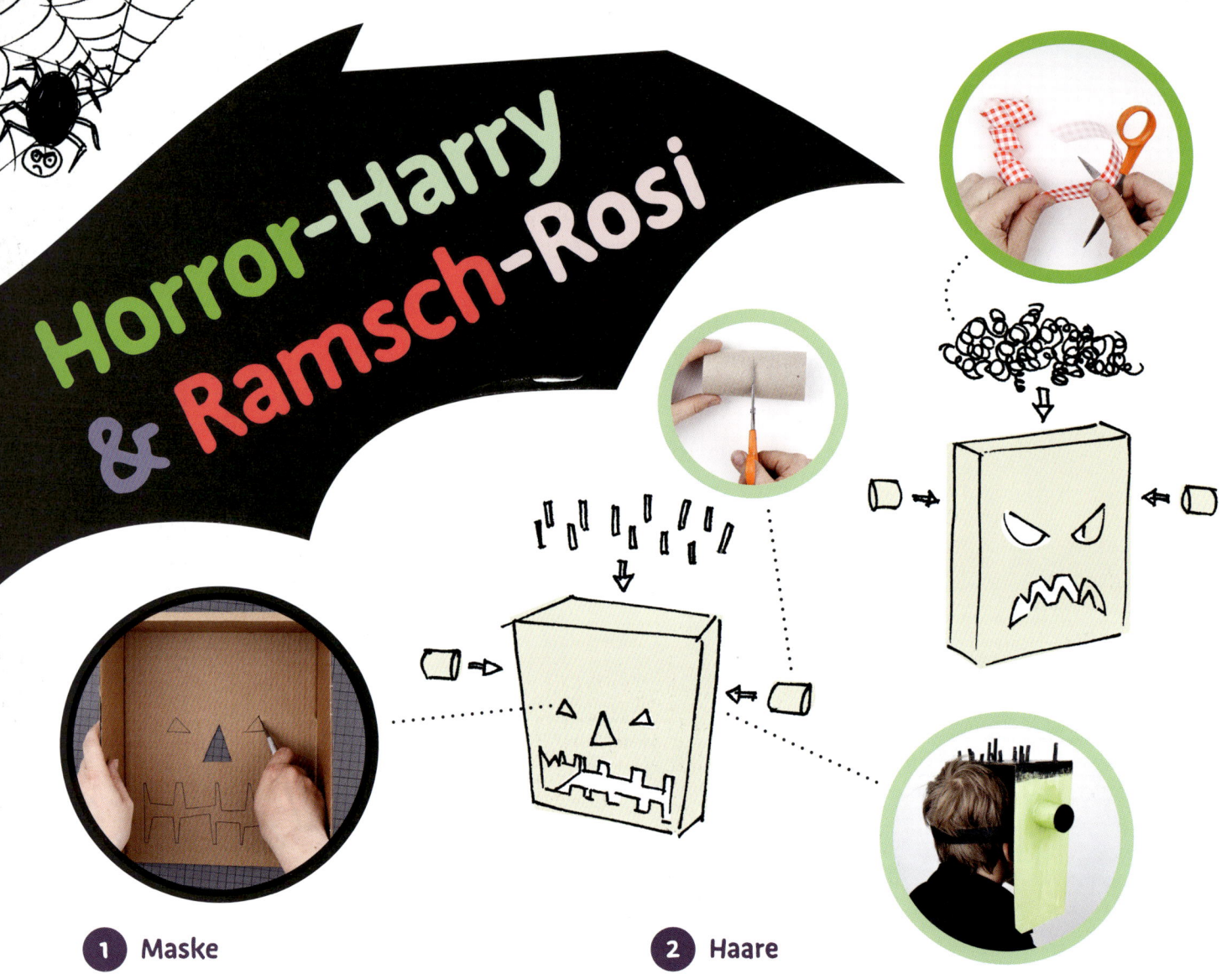

Horror-Harry & Ramsch-Rosi

1 Maske

- Schneide eine der kurzen Seiten des Schuhkartons ab. Halte den Karton vor dein Gesicht, die offene Seite zeigt dabei nach unten. Falls der Karton zu lang für dein Gesicht ist, schneidest du ihn ein Stück ab.
- Zeichne eine dreieckige Nase und zwei dreieckige Augen auf die Kartoninnenseite. Miss etwa 9 cm von der oberen Kante, dort beginnt die Nase. Die Augen sitzen ca. 2 cm rechts und links von der Nase entfernt.
- Setze die Maske auf, und teste, ob alles passt.
- Zeichne einen großen Mund mit spitzen Zähnen und schneide alles aus.
- Schneide die Klorolle in zwei gleich große Stücke und klebe die beiden Stücke rechts und links als Ohren an die Maske.
- Male die Maske an und lass sie trocknen.
- Klebe ein ca. 30 cm langes Gummiband auf die Innenseite der Maske. Nimm genügend Kleber, damit das Band gut hält. Das Band sollte etwa 9 cm vom oberen Maskenrand entfernt sein. Mit etwas Gaffa-Tape sorgst du dafür, dass sich das Band nicht löst. Ziehe die Maske an, und überprüfe, ob sie passt.

2 Haare

Horror-Harry:
- Schneide das Kabel mit der Kneifzange in kleine Stücke.
- Bohre einige Löcher in die Oberseite des Masken-Kartons und vergrößere sie vorsichtig mit einem Bleistift, sodass die Kabelstücke hineinpassen. Streiche Kleber um das erste Loch und schiebe ein Kabelstück hinein. Die anderen Kabelstücke befestigst du genauso. Schneide zum Schluss die überstehenden Kabelenden auf der Innenseite der Maske ab, damit du dich nicht verletzt, wenn du die Maske trägst.

Ramsch-Rosi:
- Zuerst kräuselst du das Geschenkband – Rosi hat nämlich richtig tolle Locken. Dazu nimmst du eine Schere und ziehst sie mit etwas Druck an der matten Seite der Geschenkbandreste entlang.
- Streiche Kleber auf eine kleine Fläche der Masken-oberseite (ca. 5 cm x 5 cm). Drücke jetzt eine Handvoll Geschenkband auf der Fläche fest. Mach immer so weiter, bis Rosis ganzer Kopf mit Geschenkband-Locken bedeckt ist.

Nachts treiben Horror-Harry und Ramsch-Rosi sich in der Nachbarschaft herum. „Aaargh", ruft Ramsch-Rosi und erschreckt Horror-Harry. Und dann passiert, was immer passiert, wenn Horror-Harry richtig Angst bekommt: Seine Ohren fangen an zu rauchen. Und in null Komma nichts ist er zu einer kleinen schwarzen Wolke geworden, die die Straße hinuntertreibt.

Du brauchst (für eine Maske):

- Breites Gummiband
- Klebepistole
- Klebestäbchen
- Schere
- Cutter
- Cutterunterlage
- Kneifzange
- Ahle
- Lineal
- Acrylfarbe
- Pinsel
- Bleistift
- Gaffa-Tape

1 Schuhkarton, ohne Deckel (Kopf)

1 Klorolle (Ohren)

Kabel (Harrys Haare)

Geschenkband (Rosis Haare)

- Lege Butterbrotpapier über diese Totenkopf-zeichnung, pause das Bild ab und schneide es aus.
- Schneide eine der großen Kartonseiten aus, lege den ausgeschnittenen Totenkopf als Schablone darauf. Zeichne den Totenkopf auf und schneide ihn aus.
- Male die Maske an.
- Klebe ein Gummiband von etwa 45 cm Länge rechts und links auf der Maskenrückseite fest. Mit etwas Gaffa-Tape sorgst du dafür, dass sich das Band nicht löst. Zieh die Maske an, und schon bist du bereit, durch die Straßen zu ziehen und Schrecken zu verbreiten.

Tipp

Mit schwarzer Theater-schminke rund um die Augen siehst du besonders gruselig aus!

Toby Totenkopf

Du brauchst:

- Gummiband
- Klebepistole
- Klebestäbchen
- Schere
- Cutter
- Cutterunterlage
- Butterbrotpapier
- Acrylfarbe
- Pinsel
- Filzstift
- Gaffa-Tape

1 Karton
(Maske)

Pass auf, dass du dich nicht mit Toby Totenkopf anlegst – man kann nie wissen …

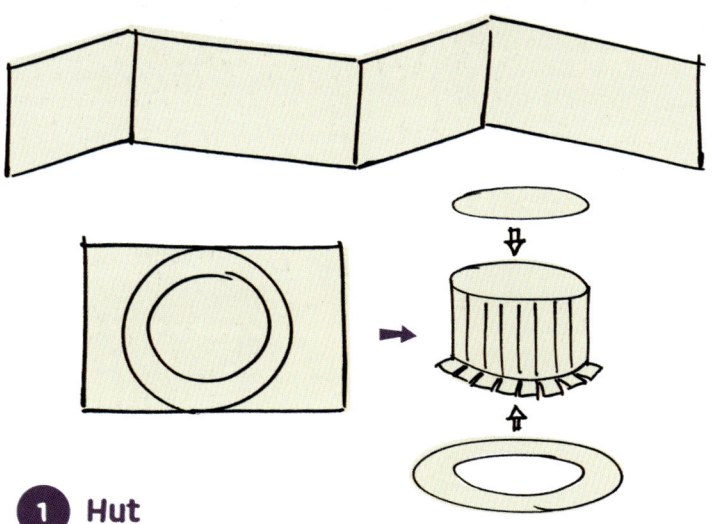

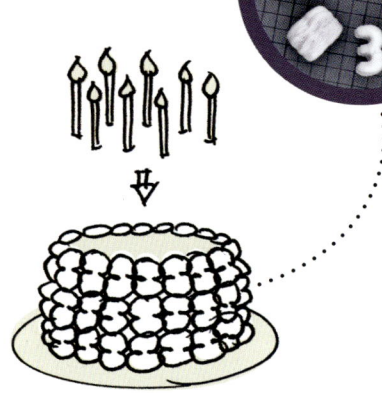

Tipp

Es gibt viele verschiedene Schaumstoff-Flocken. Probiere aus, welches Muster am besten mit den Flocken funktioniert, die du gesammelt hast.

1 Hut

- Zuerst bastelst du die Hutkrempe: Schneide die Ränder des Schuhkartondeckels ab, sodass du eine große Pappfläche erhältst. Mit einem Zirkel malst du einen großen Kreis. Schneide den Pappkreis aus. Zeichne einen kleineren Kreis. Der Ring – zwischen den beiden Kreisen – soll etwa 3 cm breit sein. Schneide den kleineren Kreis aus und lege ihn zur Seite. Du brauchst ihn später für den Hutdeckel.

- Jetzt bastelst du den Hut: Schneide entlang einer der Ecken des Schuhkartons und entferne den Kartonboden. Du hast jetzt alle vier Seiten übrig und erhältst einen langen Pappstreifen, wenn du die Seiten auseinanderfaltest. Miss den Innenkreis der Hutkrempe aus und addiere 2 cm. In dieser Länge schneidest du den Pappstreifen ab. Knicke den Streifen in Zentimeterabständen.

- Schneide jeden Knick etwa 1 cm weit ein und falte ihn nach außen.

- Streiche Kleber auf die Oberseite der ersten fünf Knicke, schiebe den kreisförmigen Pappstreifen in die Hutkrempe und klebe die Knicke unter den Krempenrand. So klebst du immer weiter, bis du vorne angekommen bist. Zum Schluss klebst du den Pappstreifenanfang mit dem Ende zusammen.

- Klebe den kleineren Kreis, vom Anfang oben, auf den Hut.

- Male den Hut an und lass ihn trocknen. Denk daran, die Hutkrempe auch von unten zu bemalen.

2 Schlagsahne & Kerzen

- Klebe eine Schaumstoff-Flocke nach der anderen auf die Seiten des Kuchenhuts – das ist die Sahne.

- Schneide acht kleine Flammen aus der Pappe der Klorollen aus und male sie an.

- Schneide die Strohhalme in der Mitte durch. Schneide jedes Stück auf einer Seite ca. 5 mm weit ein. Tropfe ein bisschen Kleber auf jeden Einschnitt und setze jeweils eine Kerzenflamme hinein.

- Bohre acht Löcher für die Kerzen in den Hutdeckel. Vergrößere die Löcher vorsichtig mit einem Bleistift, bis die Strohhalme hinein passen. Streiche Kleber um die Löcher und stecke die Kerzen durch.

- Klebe das Band auf der Hutinnenseite fest. Mit etwas Gaffa-Tape sorgst du dafür, dass sich das Band nicht löst. Setze den Hut auf und auf geht's zur Geburtstagsparty!

Tipp

Wenn du deinen Freunden einen Streich spielen willst, kannst du den Hut auch anstelle eines richtigen Kuchens verschenken.

1 Schuhkarton,
ca. 32 cm x 22 cm
(Hut)

Schaumstoff-Flocken
(Rand)

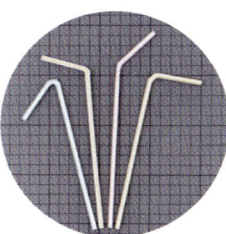

4 Strohhalme
(Kerzen)

1 Klorolle
(Flammen)

- Gummiband
- Klebepistole
- Klebestäbchen
- Schere
- Cutter
- Cutterunterlage
- Ahle
- Zirkel/Teller
- Maßband
- Acrylfarbe
- Pinsel
- Bleistift
- Gaffa-Tape

Kuchenhut

Schlagsahne! Ganz viel Schlagsahne (und Kuchen) ist manchmal das Beste auf der ganzen Welt!

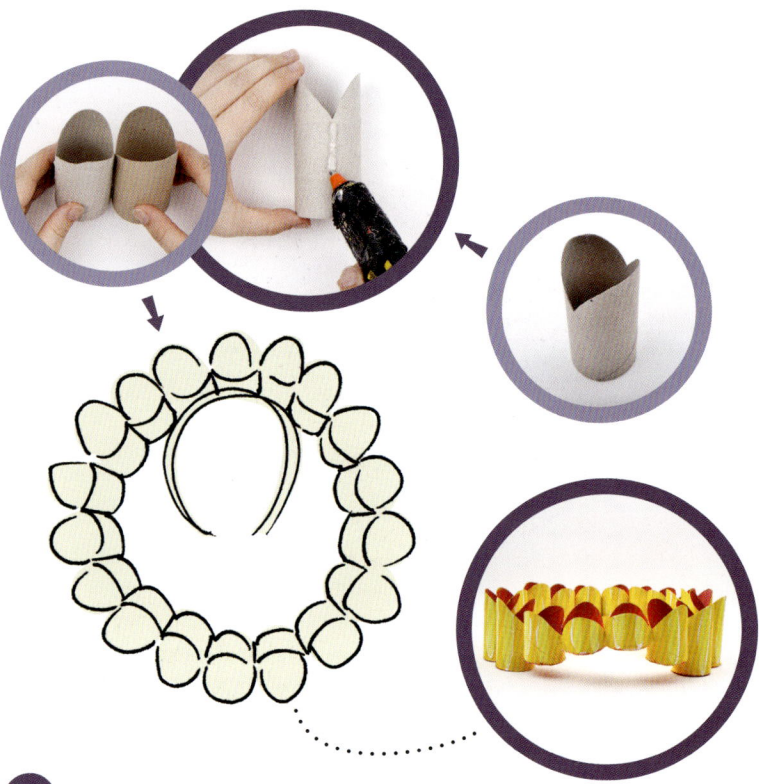

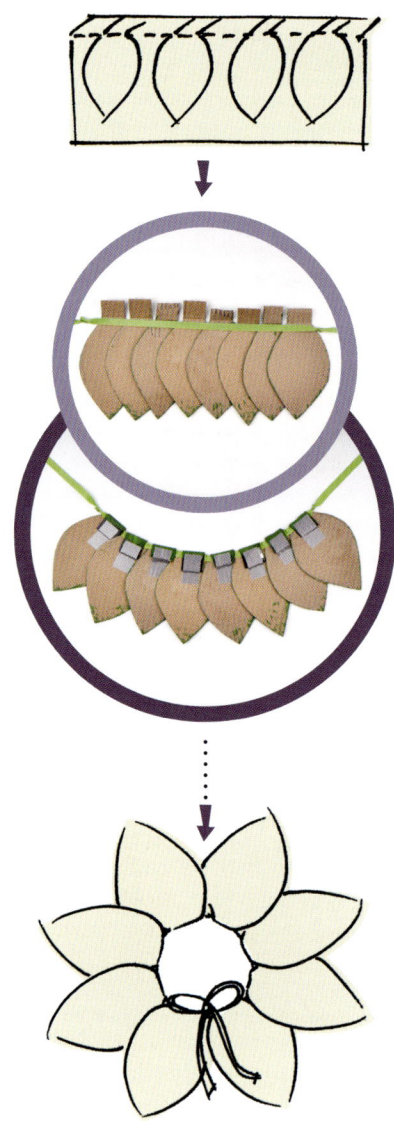

① Blüte

- In vierzehn der Klorollen schneidest du jeweils auf einer Seite zwei Bögen wie auf dem Foto.
- Schneide den ersten Karton auseinander. Stelle eine Klorolle auf die Pappe, zeichne darum herum, schneide den Kreis aus und klebe ihn unter die Rolle. Wiederhole das mit den anderen Rollen.
- Die letzten vier Klorollen sind diejenigen, die unter deinem Kinn befestigt werden. Deshalb kürzt du sie: Schneide zwei von ihnen so ab, dass sie etwa 4 cm lang sind, die anderen sollen 6 cm lang sein. Schneide jetzt auch bei ihnen auf der einen Seite Bögen hinein und verschließe sie auf der anderen Seite mit einem Pappkreis.
- Klebe die beiden kürzesten Klorollen zusammen. Klebe dann die beiden 6 cm langen Rollen rechts und links von den kurzen Klorollen an. Die Bögen sollen dabei auf derselben Höhe sein, damit auf der Rückseite Platz für deinen Hals ist. Klebe auf beiden Seiten weitere Klorollen aneinander, sodass ein Kreis entsteht.
- Klebe den Haarreif unter zwei Klorollen gegenüber der kürzesten. Nimm genügend Kleber, damit der Reif gut hält, und klebe ihn an die hintere Kante der Klorollen. Halte ihn fest, bis der Kleber getrocknet ist. Überprüfe, ob der Blumen-kranz zu deiner Kopf-größe passt. Falls er zu groß oder zu klein ist, ziehst du die Rollen vorsichtig aus-einander und nimmst eine weg oder fügst eine hinzu.
- Male den Blumenkranz an und lass ihn trocknen.

② Blätter

- Schneide die beiden größeren Seiten aus dem zweiten Karton aus. An jedem dieser Stücke lässt du einen 3 cm breiten Streifen der schmaleren Seite stehen, wie du es auf der Zeichnung siehst.
- Zeichne jeweils vier Blätter auf die Kartonstücke. Auf dem Streifen der schmaleren Seite gehen die Blätter weiter – so bekommt jedes Blatt eine kleine Klappe und du kannst die Blätter besser befestigen. Schneide sie aus.
- Male die Blätter auf einer Seite an und lass sie trocknen.
- Lege die Blätter mit der Rückseite nach oben neben-einander, sodass sie einander überlappen. Lege das Band in die Knickstelle der Klappen, knicke jede Klappe über das Blatt und klebe sie mit Gaffa-Tape zu. Die Blattkette auf dem Foto ist etwa 45 cm lang.
- Lege die Blattkette um deinen Hals, und binde sie so zu, dass sie locker sitzt. Ziehe den Blumenkranz an und schon bist du der Star auf jedem Kostümfest.

Blüten-kopf

Du brauchst:

- Band (ca. 1 m)
- Klebepistole
- Klebestäbchen
- Schere
- Cutter
- Cutterunterlage
- Lineal
- Acrylfarbe
- Pinsel
- Filzstift
- Gaffa-Tape

ca. 18 Klorollen
(Blüte)

2 Kartons
(Blüte & Blätter)

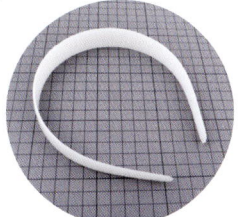

1 Haarreif
(Befestigung)

Eines Tages steht im Garten eine Blume, die ganz anders aussieht als die anderen. Sie hat einen Mund und zwei Augen, und ab und zu kann sie sogar sprechen.

139

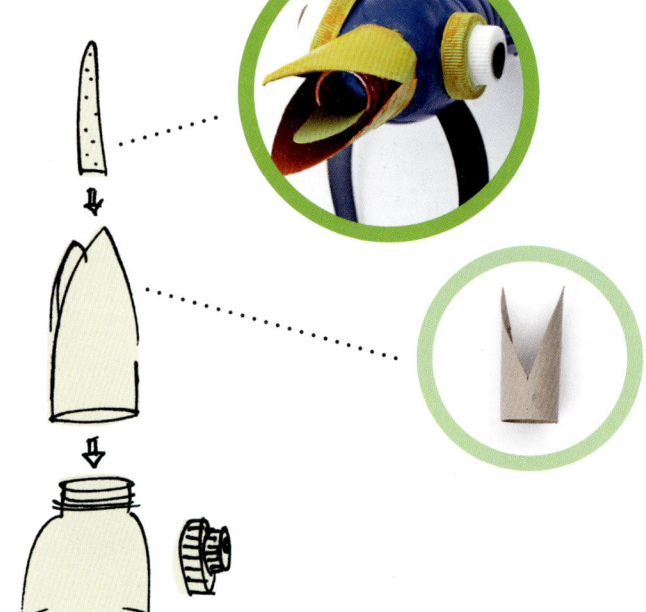

1 Schnabel und Augen

- Schneide auf einer Seite zwei Dreiecke aus der Klorolle aus, sodass ein Schnabel daraus wird. Klebe den Schnabel auf die Öffnung der Plastikflasche.
- Aus den Resten der Klorolle schneidest du eine Zunge aus und klebst sie in den Schnabel.
- Klebe je zwei Deckel aufeinander und klebe sie als Augen rechts und links auf Franz' Flaschenkörper.
- Schneide zwei kleine Kreise aus den Klorollenresten aus, male sie schwarz an und klebe sie als Pupillen auf die Augen.

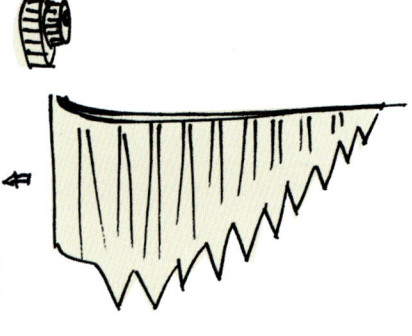

2 Flügel

- Zeichne jeweils eine dreieckige Flügelform auf die Längsseiten der Plastikverpackung. Nutze dabei die Kante zur kürzeren Seite, sodass sich die Flügel nach innen biegen. Wie genau das geht, siehst du auf den Fotos. Schneide die Flügel aus. In die Flügelunterseite schneidest du Zacken, sodass Franz Federn bekommt.
- Klebe die Flügel mit der gebogenen Kante an den Flaschenkörper. Besser ist es dabei, den Kleber auf die Plastikflasche zu streichen – wenn der heiße Kleber mit der dünnen Verpackung in Berührung kommt, kann es sonst passieren, dass sie schmilzt und sich verformt, bevor du die Flügel festkleben kannst.
- Auf die zweite Plastikverpackung zeichnest du Franz' Schwanzfedern – so, wie du auch die Flügel aufgezeichnet hast. Schneide die Schwanzfedern aus und klebe sie an.
- Male Franz Vogel an und lass ihn trocknen.
- Gib einen großen Klecks Kleber auf den Haarreif, setze Franz darauf und halte ihn fest, bis der Kleber getrocknet ist. Jetzt ist Franz bereit, auf deinem Kopf zu sitzen.

Franz Vogel

Du brauchst:

- Klebepistole
- Klebestäbchen
- Schere
- Acrylfarbe
- Pinsel
- Wasserfester Filzstift

1 Plastikflasche
(Körper)

2 Plastikverpackungen
(Flügel)

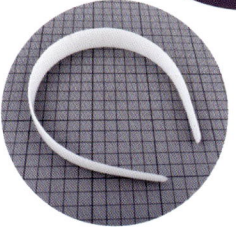

1 Haarreif
(Befestigung)

1 Klorolle
(Schnabel)

4 Plastikdeckel
(Augen)

Franz ist immer auf der Suche nach Würmern oder etwas anderem Guten, das er sich in den Schnabel stopfen kann. Denk also daran, ihm genügend zu fressen zu geben – nicht, dass er plötzlich Hunger bekommt und davonfliegt.

Kinder zaubern Vögelhüte

Tipp
Du kannst auch altes Spielzeug benutzen, um deinen Vogel zu dekorieren.

Hier siehst du verschiedene Beispiele von selbst gebauten Vögeln, die auf Haarreifen befestigt sind. Nach dem Basteln haben die Kinder eine Bird-Walk-Show für ihre Eltern aufgeführt, in der eines nach dem anderen einen roten Teppich entlanggegangen ist – in einer verrückten Vogel-Gangart, die zu ihrem Schrottvogel passte.

Sucht eine vogelartige Musik aus, die ihr zu eurem Bird-Walk spielen könnt.

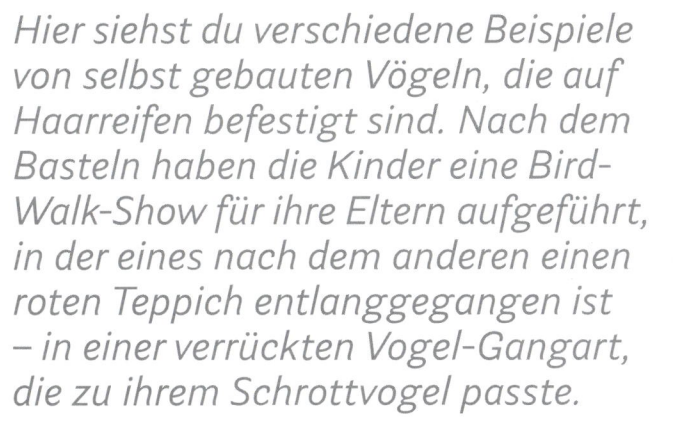

Du kannst den Bird-Walk zusammen mit deinen Freunden auf deiner Kindergeburtstagsfeier vorführen.

Halli Hallo Halunken,
jetzt singt die ganze Familie!

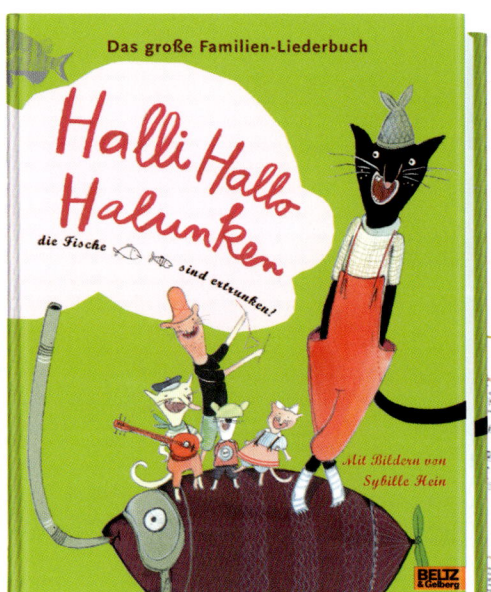

- 170 bekannte und beliebte, neue und witzige Lieder
- Einfache Notensätze und Gitarrengriffe
- Viele kreative Sprach- und Bewegungsspiele zur Liedbegleitung
- Eine Bilderwelt voller Wunder von Sybille Hein

»Bei jeder Seite, die man wendet, kitzelt es förmlich in der Kehle, so dringend möchte man lossingen.« *Badische Neueste Nachrichten*

Halli Hallo Halunken,
die Fische sind ertrunken!
Das große Familien-Liederbuch.
Mit farbigen Bildern von Sybille Hein
Herausgegeben von Petra Albers
und Stefanie Schweizer
Gebunden, 176 Seiten (79959)

EINS ZWEI DREI UND LOSGESPIELT!

- Picke packe voll mit Spielideen
- Spaßbringer für jede Jahreszeit und jeden Anlass
- Traditionelle Spiele plus originelle Spielvarianten
- Lustvoll illustriert von Antje von Stemm

»Ein kunderbunt-spritziger Mix fürs ausgelassene Kinderleben!«
Saarländischer Rundfunk

Eins zwei drei und losgespielt!
Das große Familien-Spielebuch.
Mit farbigen Bildern von Antje von Stemm
Spiele gesammelt von Ruth Gellersen
Gebunden, 176 Seiten (79998)

Beltz & Gelberg
Postfach 10 01 54, 69441 Weinheim, www.beltz.de

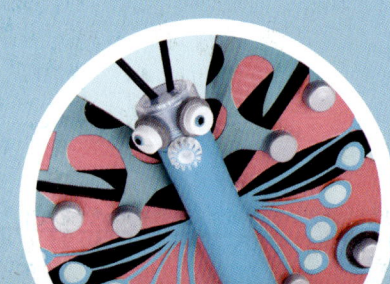